Caroline Eßer

Das Astro
LIEBES
ORAKEL

*Götter und Planeten
helfen bei der Lösung
von Beziehungsproblemen*

D1667266

IRIS

Bücher & mehr

...für Kurti - während er schlief.

Auskünfte:

www.irisbuch.com

© Deutsche Ausgabe 2005: IRIS Bücher & mehr, Amsterdam, Niederlande

Redaktion: Harald Jösten
Umschlaggestaltung: Studio Paul C. Pollmann
Abbildungen: Caroline Eßer

ISBN 90-6361-032-7

Inhaltsverzeichnis

Sternstunden

Menschen sind wie kleine Planeten oder Sterne. Sie glauben ihr Glück zu finden, indem sie einen anderen Menschen in seiner Bewegung stoppen, sich mit ihm zusammenschließen und statisch werden. Das stimmt nicht!

Jeder Mensch hat seinen bestimmten Weg wie die Planeten im Sonnensystem auch. Wenn sie den Lauf unterbrechen, werden sie aus ihrer Bahn geworfen. Das heißt nicht, dass sie nicht für eine Weile mit einem anderen Stern eine gemeinsame Bahn durchlaufen können. Aber irgendwann ist es wieder an der Zeit, dass sie ihre jeweils eigenen Runden weiterlaufen müssen.

Familien sind kleine Galaxien, die für eine geraume Zeit funktionieren können, bis durch irgendetwas eine Unruhe entsteht und die beteiligten Sterne auseinanderdriften. Das ist auch in Ordnung, denn alles ist im Fluss und wenn ein Stern versucht, den anderen in seiner Umlaufbahn zu stoppen, zu blockieren, dann geht nichts mehr und alles stagniert. Deshalb sollten wir glücklich sein und die Zeit genießen, wenn wir einen kurzen, flüchtigen Moment mit einem liebenswerten Stern zusammen durchs Weltall schweben dürfen. Aber wir sollten ihn nicht dazu zwingen, stehen zu bleiben und nur noch bei uns zu bleiben, so schön dieser Augenblick auch sein mag. Es muss immer weiter fließen können.

Wir sind uns grün

Zwei war'n sich mal von Herzen grün
und wollten sich nicht kriegen.
Sie flogen aufeinander zu
aus Freude - auch am Fliegen.

Zwei konnten sich mal gut versteh'n,
sehr gut, wenn sie nicht sprachen.
Sie holten Luft beim Wiederseh'n
und sahen sich gern lachen.

Zwei warteten mal jahrelang,
dass das nicht ganz so bliebe.
Denn heimlich war'n sie gute Freunde.
Unheimlich war's Liebe.

© Peter T. Schulz

Einführung

Das Astro-Liebes-Orakel setzt keine Kenntnisse der Astrologie voraus. Wer allerdings auf diesem Gebiet bewandert ist, wird sein Wissen hier nutzen können. Für den astrologischen Laien hier eine kurze Erläuterung:

Zu jedem Menschen, gehört auch eine individuelle Planetenkonstellation. Man kann sich das wie eine Fotografie vom Sternenhimmel zum Zeitpunkt der Geburt vorstellen. Diese Konfiguration, die sich aus den verschiedenen Planeten ergibt, nennen wir Geburtshoroskop bzw. Horoskop oder Radix. Nicht jeder kennt sein Horoskop und kann vielleicht damit auch gar nichts anfangen, wenn er es betrachten würde. Dennoch wird jedes Individuum davon beeinflusst. Die Dinge, die geschehen sollen, werden sich manifestieren, ob man nun sein Horoskop kennt oder nicht.

Aus den verschiedenen Komponenten eines solchen Horoskops (Planeten, die dazugehörigen Aspekte etc.), lassen sich Charaktereigenschaften und Tendenzen ablesen. Die Struktur des Geburtshoroskops ist für jeden Menschen einzigartig und konstant. Da jedoch die Planeten, die in ständiger Bewegung sind, weiterwandern, bilden sie im Laufe der Zeit mannigfaltige Aspekte zu den ursprünglichen Stellungen im Geburtshoroskop. Diese nennen sich Transite, Progressionen und Direktionen. Dadurch werden Ereignisse und Perioden angezeigt, die Veränderungen bringen.

Durch unsere Mitmenschen sind wir immer auch mit deren individuellen Qualitäten der Gestirnsstände verbunden. Auch wenn sich ein bestimmter Aspekt oder Transit in unserem Horoskop nicht abzeichnet, so können wir doch durch unser Zusammensein mit demjenigen, der davon gerade gebeutelt oder beglückt wird, davon betroffen sein. Von daher kann jeder von uns in alle möglichen astrologischen Prinzipien verwickelt werden. Die Ausführungen in vorliegendem Buch, können somit immer auf die eigene

Person bezogen werden, aber auch auf die Person, auf welche in der Frage Bezug genommen wird. Sie können dabei selbst den aktiven, ausführenden Part einnehmen, oder die passive, erleidende Rolle spielen.

Dieses Orakel dient vor allem dazu, für zeitweilig auftretende Beziehungsprobleme ein Verständnis zu gewinnen. Hier finden Sie Hinweise auf die unterschiedlichen Probleme, die zwangsläufig in jeder Liebesbeziehung einmal auftreten. Manchmal wird es Sie nicht gerade in Verzückung versetzen, was dazu geschrieben steht, jedoch ist es zeitweilig notwendig, auch unbequemen Dingen ins Gesicht zu schauen.

Wenn Ihnen eine Frage zu Ihrem Liebesleben unter den Nägeln brennt, so richten Sie diese an das vorliegende Orakel. Stellen Sie jedoch keine Frage, die nur mit ja oder nein beantwortet werden kann, denn diese Antworten gibt das Orakel nicht. Nehmen Sie das Kartenspiel zur Hand und mischen Sie die Karten gut durch. Breiten Sie die Karten danach verdeckt vor sich aus formulieren Sie möglichst präzise Ihre Frage. Dann ziehen Sie eine Karte. Schlagen Sie die dazugehörige Seite im Buch auf und lesen Sie danach den Text. Sie werden mit großer Treffsicherheit eine Karte herausziehen, die den Aspekt in Ihrem Leben symbolisiert, der Sie gerade beherrscht. Oder Sie ziehen eine Karte, die allgemein einen Ihrer Wesenszüge oder die einer Person zeigt, auf welche in der Frage Bezug genommen wurde. Eine genauere Erklärung, wie die Karten gezogen werden sollten, finden Sie auf den folgenden Seiten.

Auf jeder linken Buchseite finden Sie allgemeine Stichworte zu den Konstellationen. Bei den Götterkarten stehen Stichworte, welche die Qualität des einzelnen Planeten, der dort in Form des Gottes dargestellt wird, beschreibt. Die Darstellung der Konstellationen auf den Karten mit den Abbildungen der Götter ist aus der griechischen Mythologie abgeleitet, welche die Prinzipien der einzelnen Planeten spiegelt. Diese Karten sind tiefgründiger als die übrigen Karten, auch dadurch dass drei und nicht zwei Komponenten zusammenspielen.

Die Karten

Auf den vorliegenden 69 Karten wird eine Vielzahl astrologischer Konstellationen dargestellt. Davon sind 40 Orakel-Karten Kombinationen mit jeweils 8 Jupiter-Karten, 8 Saturn-Karten, 8 Uranus-Karten, 8 Neptun-Karten und 8 Pluto-Karten. Auf diesen Karten werden die "großen" Planeten in einer Zweierkonstellation mit einem persönlichen Planeten dargestellt. Persönliche Planeten sind: Mond, Merkur, Venus, Mars und die Sonne. Diese unterscheiden sich dadurch, dass Sie als Konjunktion, Quadrat oder Trigon auftreten. Der Bereich in der Mitte der Karten soll eine Art Fenster darstellen, durch welches man die beiden Planeten im Weltall betrachtet. Bei den Konjunktionen ist dieses Fenster oval, bei den Quadraten ist es eckig und bei den Trigonen ist das Fenster dreieckig dargestellt. Dazu sei noch gesagt, dass die Quadrat-Aspekte eher spannungsgeladen sind, die Konjunktionen je nach dem, welche Planeten zusammentreffen, harmonisch bis spannungsgeladen und die Trigone eher harmonisch bis träge und zum Lernen auffordern.

Die 17 Karten, die ausschließlich die persönlichen Planeten untereinander in einem bestimmten Aspekt zueinander zeigen, sind in Ihrer Aussage meist angenehm, weisen jedoch auch auf Bereiche hin, die vom Individuum betrachtet werden sollten. Deren Fenster ist auf den Karten kleiner dargestellt, da die Planeten an sich auch kleiner sind.

Auf den 12 Götterkarten finden sich immer drei griechische Götter. Da jeder Planet einem Gott aus der Mythologie anheim gestellt wird, liegt diesen Karten sozusagen das gleiche Prinzip zugrunde wie den übrigen Karten. Nur sind es hier drei Komponenten, die aufeinander treffen. Da jeder Planet in unserem Sonnensystem, von Sonne bis Pluto, ein Sternbild beherrscht, finden sich auf diesen Karten zusätzlich die Abbildungen der Sternzeichen, die wir alle kennen. So zum Beispiel Widder zu Mars, Stier oder Waage zu Venus, Zwillinge zu Merkur, Krebs zum Mond, usw. Auf den übrigen Karten finden Sie die dazugehörigen Sternzeichen ebenfalls am oberen Kartenrand.

Zeichenerklärung

 Sonne

 Konjunktion

 Mond

 Quadrat

 Merkur

 Trigon

 Venus

 Opposition

 Mars

 Jupiter

 Saturn

 Uranus

 Neptun

 Pluto

Die Farbgebung und die Formationen der einzelnen Karten bezieht sich auf die Konstellation und der für mich daraus resultierenden Empfindung, die mir intuitiv diese Farbgestaltung passend erscheinen ließ. Die Erstellung der Karten, die im Original eine Größe von 35 x 25 cm haben, hat 5 Jahre gedauert und ich hoffe, dass sie dem Benutzer des Astro-Liebes-Orakels genauso viel Freude bereiten mögen, wie mir.

Befragung des Orakels

Auf den Moment konzentrieren
Sie können das Orakel zu einer bestimmten Situation, die Ihr Beziehungsleben betrifft befragen. Nehmen Sie sich dazu ein paar Minuten Zeit und lassen Sie alle Hektik des Alltags hinter sich. Versuchen Sie in sich zu gehen, um die Frage, die Sie an das Orakel richten möchten, genau zu definieren. Stellen Sie keine Frage, die mit ja oder nein beantwortet werden kann. Formulieren Sie das, was Sie beschäftigt in einem kurzen prägnanten Satz aus. Schließen Sie dabei die Augen und konzentrieren Sie sich auf Ihre Gedanken. Verinnerlichen Sie die Worte, die Sie anschließend an das Orakel richten möchten. Sie können währenddessen ruhig die Karten in Ihre Hände nehmen und anfangen, diese zu mischen. Ganz so, wie Sie es von einem konventionellen Kartenspiel gewohnt sind.

Mehrere Möglichkeiten
Sie haben die Wahl, eine einzige Karte zu ziehen, oder ein System aus mehreren Karten zu legen. Diejenigen, die schon mit anderen Kartenorakeln gearbeitet haben, werden sicher häufiger davon Gebrauch gemacht haben, auf eine Frage eine einzige Karte zu ziehen. Das ist auch völlig legitim, da die Aussage einer bestimmten Karte meist schon das Thema in seinem Kern erfasst. Für komplexere Antworten können allerdings auch so genannte Legesysteme verwendet werde, auf die nachfolgend noch im Einzelnen eingegangen wird.

Auslegen der Karten

Nachdem Sie die Karten gemischt haben und innerlich dazu bereit sind, die Karten auszulegen, breiten Sie diese, mit der Vorderseite nach unten, auf einem ebenen Untergrund fächerförmig mit der linken Hand aus. Die linke Hand deshalb, weil sie auf der Herzseite liegt. Achten Sie darauf, dass keine Karte von einer anderen verdeckt wird, damit Sie auf alle Karten Zugriff haben. Wenn das mit der Fächerform nicht gleich klappt, so verkrampfen Sie sich nicht und machen Sie sich nicht zu viele Gedanken um die Form. Die Karte die für Sie bestimmt ist, wird Sie mit Sicherheit erreichen, auch wenn die Karten beim Auslegen etwas durcheinander geraten. Sie können auch, falls Sie gerade irgendwo sind, wo kein Platz vorhanden ist, um ein ganzes Kartenspiel auszubreiten, eine andere Variante benutzen. Nehmen Sie die Karten in beide Hände, so dass Ihre Handflächen nach oben zeigen und schütteln Sie das Spiel leicht. Werfen Sie die Karten in kurzen Abständen leicht hoch, so dass Sie sie jedoch immer wieder auffangen können. Die Karte, die zu Ihnen will, wird sich dadurch bemerkbar machen, dass sie sich aus den anderen herausschiebt und bald hervorlugt. Natürlich müssen auch bei dieser Methode, die Karten verdeckt, mit dem Gesicht nach unten, in Ihren Händen liegen.

Wie auch immer die Karte zu Ihnen findet, lesen Sie ihren Namen, der am unteren Rand zu finden ist und schlagen Sie danach im Inhaltsverzeichnis nach, auf welcher Seite der dazugehörige Interpretationstext zu finden ist. Lesen Sie sich das, was dazu geschrieben steht, in aller Ruhe durch und versuchen Sie eine Synthese zu der zuvor formulierten Frage herzustellen.

Legesysteme:

Vergangenheit Gegenwart Zukunft

Mischen Sie die Karten wie gewohnt gut durch. Teilen Sie die Karten in drei ungefähr gleich große Stapel. Legen Sie die Stapel vor sich hin.

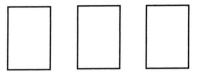

Nehmen Sie den ersten Stapel und mischen Sie ihn erneut durch. Legen Sie ihn wieder hin. danach mischen Sie die beiden anderen Stapel auf die gleiche Art und Weise erneut durch. Nehmen Sie nun vom ersten Stapel die unterste Karte heraus, vom zweiten Stapel die Karte, die oben liegt und vom dritten Stapel wieder die unterste Karte. Decken Sie die Karten auf und lesen Sie, was dazu geschrieben steht. Die Karte aus dem ersten Stapel symbolisiert das, was in der Vergangenheit geschah. Die Karte aus dem mittleren Stapel repräsentiert den gegenwärtigen Zustand und die Karte aus dem dritten Stapel zeigt an, was sich in der Zukunft abspielen wird.

Partnerorakel
Dieses Legesystem zeigt die Beschaffenheit einer Beziehung auf, wie sie von beiden Beteiligten eingeschätzt wird.
Setzen Sie sich Ihrem Partner in entspannter Haltung gegenüber. Mischen Sie die Karten. Dies können Sie auch gemeinsam tun, damit den Karten ein Odem von beiden Beteiligten anhaftet. Breiten Sie das Spiel wieder fächerförmig aus. Ziehen Sie abwechselnd jeder drei Karten und legen Sie diese verdeckt vor sich hin.

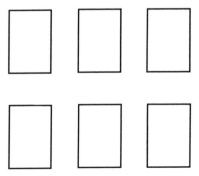

Wenn jeder drei Karten gezogen hat, decken Sie diese gleichzeitig auf, so dass jeder seine Karten offen vor sich liegen sieht.

Die erste Karte zeigt, wie jeder der beiden die bestehende Beziehung zum jetzigen Zeitpunkt sieht.

Die zweite Karte symbolisiert den beiden Partnern, wie die Beziehung nach dessen Sicht nach außen hin erscheint. Die dritte Karte zeigt jeweils auf, wie die Qualität der Beziehung individuell erfahren wird.

Aktiv Passiv

Hierbei können Sie herausfinden, wie sich ein bestimmtes Verhalten in der Zukunft auswirkt. Zum Beispiel könnte die Frage lauten: Was geschieht, wenn ich x mache und: was geschieht, wenn ich x lasse. Mischen Sie die Karten gut durch in der gewohnten Art und Weise. Legen Sie die Karten in zwei Stapel vor sich hin. Mischen Sie den ersten Stapel noch einmal und konzentrieren Sie sich auf die Frage, welche die Aktion in sich birgt. Legen Sie den Stapel verdeckt wieder zurück und mischen Sie danach den zweiten Stapel noch einmal durch. Dabei konzentrieren Sie sich auf die passive Variante der Frage. Legen Sie auch diesen Stapel wieder zurück neben den ersten und decken Sie die erste Karte des ersten Stapels auf. Danach decken Sie die untere Karte des zweiten Stapels auf und legen beide Karten aufgedeckt hin. Die erste Karte wird Ihnen sagen, was passiert, wenn Sie in besagte Aktion treten und die zweite Karte zeigt Ihnen auf, was auf Sie zukommt, wenn Sie es lassen.

Schicksal?

Bedenken Sie jedoch, dass bei allen Orakeln, egal welcher Art, Sie derjenige oder diejenige sind, der sein Schicksal lenkt und dass es niemand anders für Sie tun kann. Sie haben die Fäden in der Hand und bestimmen über Ihr Leben. Kein Wahrsager, Guru oder Hellseher kann Ihnen das voraussagen oder abnehmen. Machen Sie sich nicht selbst zu einem willenlosen Wesen und glauben Sie nicht, dass man keinen Einfluss auf den Verlauf der Dinge ausüben kann. Die Sterne machen zwar geneigt, aber sie zwingen nicht.

Sie kennen vielleicht das Phänomen der selbst erfüllenden Prophezeiung. Wenn man ganz fest daran glaubt, dass etwas schief geht, dann geht es meist auch in die Hose. Genauso kann man mit der gleichen Energie, mit welcher man das Schlechte herbei denken kann, auch das Gute manifestieren, nämlich durch die positive Kraft, die man in seine Gedanken und Hoffnungen legt. Machen Sie sich das bewusst und lassen Sie sich nicht die Laune verderben, weil vielleicht, um auf dieses Orakel zurückzukommen, eine Karte nicht das aussagt, was Sie sich erhofft haben. Auf der anderen Seite werden Sie sicher, wenn Sie ehrlich und offen sich selbst gegenüber sind, immer einen Funken Wahrheit in dem finden, was Ihnen hier begegnet. Das ist das Gesetz der Anziehung, dass das, was einem zugeteilt wird, in einer bestimmten Resonanz zu dem steht, was man ausstrahlt und repräsentiert.

Göttergeschichten

Auf den folgenden Seiten ist eine mythologische Beschreibung der Götter zusammengefasst worden. Die römischen Namen, so wie wir sie aus der Astrologie kennen, stehen an zweiter Stelle neben den griechischen. Da sich die astrologischen Prinzipien der Planeten aus der griechischen Mythologie ergeben, ist es sehr interessant auch in diese Mysterien einen Einblick zu gewinnen. Aufgrund des Umfangs der Geschichten, die sich um die griechischen Götter ranken, musste sich die Beschreibung hier an dieser Stelle, auf die wichtigsten Fakten und Begebenheiten beschränken.

Selene, Artemis / Diana, Luna
Selene wurde in der griechischen Mythologie als Mondgöttin verehrt. Sie war die Tochter von Hyperion und der Theia. Helios, der Sonnengott und Eos die Göttin der Morgenröte waren Ihre Geschwister. Wahrscheinlich war Helios auch ihr Gemahl. Sie war die Göttin von Wachstum und Fruchtbarkeit und symbolisierte durch

die wechselnden Mondphasen das Werden und Vergehen der Dinge. An ihre Stelle trat später Artemis.

Helios / Sol

Helios war der Gott der Sonne und er fuhr laut antiker Erzählung am Tag mit seiner Quadriga vom östlichen zum westlichen Himmel. Er sah und hörte alles, was in der Welt geschah. Er besaß jedoch kein eigenes Reich, über welches er herrschen konnte. Daher bekam er Rhodos zugesprochen, aufgrund dessen dort sein Abbild geschaffen wurde in Form des Koloss von Rhodos. Er galt als der Gott der Wahrheit. Als Lichtgott war er dazu fähig, Blinde sehend zu machen oder aber Menschen für ein Vergehen zu blenden. Er war der Sohn von Hyperion und der Theia. Seine Frau war Perse. Er hatte eine Menge ehelicher und unehelicher Kinder, wie z.B. Kirke und Perses.

Hermes / Merkur

Hermes war ein Sohn von Zeus und der Nymphe Maia. Er war der Beschützer der Reisenden und der Schutzgott der Diebe und Kaufleute. Er war ein Fruchtbarkeitsgott und Glücksbringer. Aphrodite war seine Geliebte und gebar ihm Hermaphroditos. Mit der Nymphe Penelope zeugte er Pan. Man nannte ihn auch Seelenführer, weil er die Seelen der Toten zum Styx geleitete.

Aphrodite / Venus

Kronos schnitt seinem Vater Uranos die Geschlechtsteile ab und warf sie ins Meer. Aus dem Schaum, der sich daraus bildete entstand Aphrodite.

Eine andere Version besagt, dass Aphrodite aus der Verbindung von Zeus mit Dione entstanden sei.

Aphrodite war die Göttin der Liebe, der Schönheit und der Fruchtbarkeit. Sie versinnbildlichte nicht etwa das treue Eheweib, sondern viel eher die lustvolle Leidenschaft. Obwohl mit Hephaistos verheiratet, betrog sie ihn mit Ares und Adonis. Aus der Verbindung mit Ares gingen die Zwillinge Deimos und Phobos hervor. Eros der Gott der geschlechtlichen Liebe soll auch von Ares und Aphrodite abstammen.

Ares / Mars

Ares ist der einzige Sohn von Zeus und Hera. Alle anderen Söhne des Zeus stammten aus den unzähligen anderen Ehen und Liebschaften des Zeus. Ares war ein Draufgänger, Angeber und ein ziemlich gewalttätiger Gott. Er war der Gott des Krieges. Er blieb ehelos, hatte aber zahlreiche Liebschaften. Eine davon war die zu Aphrodite, welche die Gemahlin von Hephaistos war und obendrein seine Schwester. Jedoch erfuhr deren Beziehung ein jähes Ende, als sie vom Sonnengott Helios, der alles sah, verraten wurden. Daraufhin wurden die beiden von den Göttern verschmäht, bis Poseidon eine Aussöhnung erwirkte.

Zeus / Jupiter

Zeus war der Göttervater, der Gott des Himmels und der Erde, der oberste Herrscher über die griechische Götterwelt. Sein Vater war Kronos und seine Mutter war Rhea. Seine Brüder waren Poseidon und Hades. Zeus war der Wettergott und somit verantwortlich für Hagel, Schnee, Gewitter und Donnerkeile, die er als Waffe einzusetzen pflegte. Er war der Deuter des Schicksals der Menschen. Oft symbolisiert mit einer Waage in der Hand, wog er die Geschicke der Menschheit ab. Er hatte eine Vielzahl von Ehefrauen und Geliebten, mit denen er eine große Anzahl von Nachkommen zeugte. Hera war seine letzte Gemahlin, aber treu war er ihr deshalb auch nicht. Zwei seiner ehelichen Kinder waren Ares und Hephaistos, wobei es noch eine andere Version gibt, die besagt, dass Hera Hephaistos ohne Mann erzeugt haben soll. Seine außerehelichen Kinder waren u.a. Apollon, Persephone, Athena und Aphrodite.

Kronos / Saturn

Kronos war der Sohn von Uranos (Himmel) und Gaia der (Erde). Er heiratete seine Schwester Rhea und zeugte mit ihr Hades, Demeter, Hestia, Poseidon und Zeus.
Er entmannte seinen Vater Uranos und erlangte die Weltherrschaft. Aus Angst, dass einer seiner Söhne ihm das gleiche Schicksal antun

könnte, verschlang er all seine Kinder bis auf Zeus, der durch eine List entkam. Von Zeus wurde Kronos dennoch entmachtet und in den Tartaros (tiefste Schicht der Unterwelt) verbannt, aber später wieder befreit. Eigentlich soll Kronos gar nicht so übel gewesen sein, sondern eher ein gutmütiger Herrscher in einem goldenen Zeitalter.

Uranos / Uranus

Uranos entstand einzig und allein durch Gaia (Erde) ohne einen Vater. Er ist der älteste Gott überhaupt. Er herrschte über den Himmel, und am Abend, wenn sich der Himmel auf die Erde legte, zeugte er mit Gaia die Titanen, zu denen auch Kronos gehörte, die Kyklopen und die Giganten. Weil Uranos auf seine Kinder eifersüchtig war, stieß er sie Gaia in den Leib zurück oder verbannte sie in den Tartaros. Sein Sohn Kronos entmannte ihn mit einer Sichel und von diesem Zeitpunkt an, spielte Uranos in der Mythologie keine Rolle mehr.

Poseidon / Neptun

Poseidon war der Gott der Meere. Er war der Sohn von Kronos und Rhea. Er wird meist mit einem Dreizack dargestellt, mit welchem er das Meer aufgewühlt und Felsen gespalten haben soll. Er war der Herrscher über die Gewalten von Erdbeben und der Meeresstürme. Seine Frau war Amphitrite, aber auch mit Medusa vollzog er den Liebesakt. Athene, in deren geheiligtem Tempel sich der Akt vollzog, verwandelte Medusa daraufhin in ein furchterregendes Scheusal. Zusammen mit Perseus wurde die von Poseidon schwangere Medusa von Athene enthauptet. Aus dem abgetrennten Haupt der Medusa entstieg u.a. das geflügelte Pferd Pegasos.

Hades / Pluto

Hades war der Sohn von Kronos und der Rhea. Er war der Herrscher der Unterwelt, aus der es keine Rückkehr gab. Seine Frau war Persephone (eine Tochter des Zeus), mit der er zusammen die Unterwelt, die ebenfalls Hades genannt wurde, regierte. Mit Hilfe von Zeus entführte er Persephone und machte sie zu seiner Frau. Demeter, Persephones Mutter, versuchte ihre Tochter zurückzuholen. Sie erreichte jedoch nur soviel, als dass Persephone sechs Monate des Jahres in der Unterwelt verbringen musste und die anderen sechs Monate auf der Erde weilen durfte. Da Hades für das Reich der Toten zuständig war, wurde er von den Griechen nicht so sehr verehrt wie seine Brüder Zeus und Poseidon, die den Himmel und das Meer beherrschten.

Die Planeten

Sonne

Sonne
Steht für: Lebensenergie, individuelle Verhaltensweisen, Charakter, Ego, Ehrgeiz, Persönlichkeit, Individualität.

Mond

Mond
Steht für: die Seele, Emotionen, Sensibilität, Empfindungen, Intuition, Launen, Mütterlichkeit, Geborgenheit, Fürsorge, Familie, Zuhause.

Merkur

Merkur
Steht für: Intellekt, logisches Denken, Kommunikation, Kontakte, Informationen.

Venus

Venus
Steht für: Schönheit, Liebe, Erotik, Sexualität, Hingabe, Ästhetik, Harmonie, Eitelkeit.

Mars

Mars
Steht für: Energie, Sexualtrieb, Durchsetzung, Spontaneität, Impulsivität, Aggressionen.

Jupiter
Steht für: Glück, Ausdehnung, Reisen, Lebensphilosophie, Zugewinn, Gerechtigkeit, Optimismus, Erfolg, Trägheit, Lernbereitschaft.

Saturn
Steht für: Verantwortung, Reife, Struktur, Disziplin, Beschränkung, Beständigkeit, Zuverlässigkeit, Konsequenz, Ausdauer.

Uranus
Steht für: Freiheitsdrang, Unabhängigkeit, plötzliche Ereignisse, Inspiration, Spontaneität, Unruhe, Unzuverlässigkeit.

Neptun
Steht für: Täuschung, Selbsttäuschung, Idealismus, Auflösung, Intuition, Spiritualität, Illusion, Verwirrung, Kreativität.

Pluto
Steht für: Erneuerung, Zerstörung, Macht, Transformation, Charisma, Regenerationskraft.

Jupiter

Saturn

Uranus

Neptun

Pluto

21

Stichworte zu Jupiter Konjunktion Venus

Jupiter
Konjunktion
Venus

+ Kontaktfreude
+ Harmonie
+ Fürsorgliche Liebe
+ Luxus und Komfort
+ Liebesbezeugungen
+ Kreativität
+ Verständnis
+ Beliebtheit
+ Humor
+ Offenherzigkeit

- Trägheit
- Initiativlosigkeit
- Gewichtszunahme
- Arroganz
- Oberflächlichkeit
- Materialismus
- Eitelkeit
- Verschwendung
- Prunksucht
- Blauäugigkeit

Verliebtheit

Wenn Sie jetzt allein sind, haben Sie selbst Schuld. Die Chancen, den Partner fürs Leben zu treffen, sind sehr groß. Machen Sie sich auf und nehmen Sie Ihr Herz in beide Hände. Sie werden belohnt. Die Zeit der einsamen Tage und Nächte ist vorbei. Das Glück wartet auf Sie. Oder haben Sie es gerade schon gefunden?

Wenn Sie schon in einer festen Beziehung leben, so kann diese jetzt zu einer neuen Blütezeit gelangen. Ehemuffel könnten sich jetzt dazu angespornt fühlen, zu heiraten. Allerdings tritt dieser Zustand nur dann ein, wenn Sie vorher auch schon in Harmonie mit Ihrem Partner gelebt haben. Ist dies nicht der Fall, kann es passieren, dass sich eine schlechte Beziehung zum jetzigen Zeitpunkt auflöst und Ihnen aus heiterem Himmel jemand anderes über den Weg läuft, in den Sie sich Hals über Kopf verlieben. Das ist das Expansive an diesem Einfluss, dass etwas, das überlebt ist, ausgewechselt wird in etwas, das viel schöner zu werden scheint. Die Betonung liegt auf "scheint", denn Sie könnten in eine Art Aufbruchstimmung geraten und der Wunsch nach etwas Neuem kann so groß werden, dass Sie sich nicht darüber bewusst sind, dass es nur ein mittelmäßiger Tausch sein könnte. Aus diesem Grund bringt diese Tendenz nicht immer für alle Beteiligten großes Glück. Was des einen Freud', ist des anderen Leid. Aber hier geht es um Sie und um das, was Sie sich wünschen. Sie haben den Wunsch, auf dem Experimentierfeld der Liebe zu agieren.

Sie werden das Bedürfnis verspüren, mit Sympathiebezeugungen Ihre Mitmenschen zu beglücken, die laut Resonanzgesetz auf Sie zurückfallen und sich somit wieder positiv auf Sie selbst auswirken können. Genießen Sie Ihr Leben, denn jetzt gilt: Alles, was Freude macht, ist erlaubt. Wenn es einen richtigen Zeitpunkt gibt, eine große Erfahrung auf dem Beziehungsfeld zu machen, dann ist er jetzt gekommen. Sie haben die Trümpfe in der Hand. Ob Sie diese erfolgreich zum Einsatz bringen, hängt von Ihrer Einstellung zu diesem Bereich des Lebens ab. Wenn diese positiv ist, können Sie damit rechnen, dass die zwischenmenschliche Erfahrung, die Sie erwartet, auch positiver Natur sein wird.

Stichworte zu Jupiter Konjunktion Mond

Jupiter
Konjunktion
Mond

+ Hilfsbereitschaft	- Launenhaftigkeit
+ Charme	- Geltungsdrang
+ Beliebtheit	- Gewichtszunahme
+ Gefühlsstärke	- Undank
+ Gerechtigkeit	- Ehrgeiz
+ Feinfühligkeit	- Gefallsucht
+ Mitgefühl	- Erschöpfung
+ Großzügigkeit	- Maßlosigkeit
+ Warmherzigkeit	- Überdrehtheit
+ Beschützerinstinkt	- Prahlhans

Erfolg

Sie sind auf Expansionskurs. Das kann Positives bedeuten, aber auch Negatives. Je nachdem, welche Matrix Ihrem Gefühls- und Gedankenleben zugrunde liegt. Umgeben Sie sich in erster Linie mit erfreulichen Gedanken und hegen Sie Ihren Mitmenschen gegenüber liebevolle Gefühle, so wird diese Zeit Ihre vorherrschende Stimmung potenzieren. Leben Sie jedoch in einem emotionalen Auf und Ab, so wird die gefühlsmäßige Schiffschaukel noch stärker ausschlagen. Nehmen wir mal an, dass Sie zu den positiv denkenden Menschen gehören, so könnten Sie nun in einen Rausch von Geben und Nehmen geraten. Ihnen wird es jetzt besonders viel Freude bereiten, Ihre Liebste und Ihren Liebsten nach allen Regeln der Kunst zu verwöhnen und gute Laune zu verbreiten. Durch bereitwilliges Bezeugen von Sympathie erfahren auch Sie große Zuwendung und Geborgenheit von Ihren Mitmenschen. Da dies eine Zeit ist, in welcher alles übertrieben schön erscheint, sollten Sie sich davor in Acht nehmen, einen anderen Menschen, den Sie gerade kennen gelernt haben, zu glorifizieren. Sie könnten sich sonst schneller, als Ihnen lieb ist, vor dem Standesbeamten wieder finden. Dagegen ist auch im Grunde nichts einzuwenden. Nur, wenn Sie nach einiger Zeit wieder auf dem Boden gelandet sind und nicht mehr so stark in Superlativen verhaftet sind wie jetzt, könnten Sie es bereuen. Warten Sie lieber ein paar Tage, Wochen oder Monate ab, bevor Sie entscheidende Schritte unternehmen, die Ihr ganzes Leben beeinflussen werden. Genießen Sie diese Zeit, aber fahren Sie nicht gleich nach Las Vegas zum Traualtar. Zu Hause kann man es sich doch vorerst auch ganz gemütlich machen und dabei in aller Ruhe austesten, ob die Liebe auch ohne Sensationen aufregend genug ist. In einer schon bestehenden Beziehung werden Ihnen jetzt harmonische Zeiten ins Haus stehen. Sie werden bestrebt sein, eine harmonische Basis in Ihrem Heim zu schaffen und auszuleben.

Stichworte zu Jupiter Konjunktion Merkur

Jupiter
Konjunktion
Merkur

+ Enthusiasmus	- Neid
+ Kommunikationsfluss	- Nervosität
+ Ideenreichtum	- Verzetteln
+ Flexibilität	- Opportunist
+ Aufgeschlossenheit	- Ungenauigkeit
+ Lernprozess	- Bildungsmuffel
+ Begabung	- Ruhelosigkeit
+ Disziplin	- Schwätzer
+ Offenheit	- Querkopf
+ Großzügigkeit	- Konzentrationsschwäche

Begeisterung

Jetzt geht es einen Schritt weiter. Die Zeit ist reif, den eigenen Horizont zu erweitern. Und genau das wird Ihnen jede Menge Spaß machen. Ihr Geist ist offen für neue Eindrücke und neues Wissen. Wer in einer festen Beziehung lebt, kann diese durch Reisen und gemeinsame Aktionen und Projekte neu beleben. Sie könnten auch auf die Idee kommen sich weiter fortzubilden und eine Schule besuchen, die Ihrem Leben neue Perspektiven aufzeigt. Aufgrund Ihrer Aufgeschlossenheit und Kommunikationsfreude fällt es Ihnen leicht, in neue Interessensgebiete vorzudringen. Ihr spielerischer Umgang mit dem neu Erlernten macht es Ihnen leicht, das erworbene Wissen in Ihrem Leben auch zu integrieren. Sie haben die Fähigkeit, auf freundliche und humorvolle Art die Gunst der Sie umgebenden Menschen zu gewinnen. Dieser äußerst angenehme Aspekt kann dazu führen, dass sich jemand in Sie verliebt und eine neue Beziehung entsteht. Die Garantie, dass es nicht langweilig wird, haben Sie auf jeden Fall, denn der Kommunikationsfluss scheint gewährleistet. Ihr Leben wird sich in eine positive Richtung wenden, wenn Sie es wollen. Freuen Sie sich darüber, denn wenn Sie jetzt mit dem Alleinsein zu kämpfen haben, dann nur deshalb, weil Sie keinen Schritt vor die Haustür setzen. Sie können ganz beruhigt sein, es dürfte jetzt schwer fallen, in schlechte Laune zu verfallen. Ihr Lebenshunger kann Sie ein großes Stück weiterbringen, wenn Sie es nur zulassen. Es kann sich die Gelegenheit ergeben, diesen Schritt gemeinsam mit einem interessanten Menschen zu tun, der Ihnen auf diesem Weg begegnet, oder den schon vorhandenen Partner mit einbeziehen zu können in diese positive Lebensschwingung. Fürchten Sie sich nicht vor diesem Schritt. Dazu besteht überhaupt keine Veranlassung. Alles, was Sie jetzt unternehmen, steht unter einem guten Stern. Folgen Sie Ihren Eingebungen. Zauderer werden nicht belohnt.

Jupiter
Konjunktion
Mars

+ Führungsqualitäten	- Geltungsdrang
+ Durchsetzung	- Konkurrenzverhalten
+ Erfolg	- Maßlosigkeit
+ Eheschließung	- Rastlosigkeit
+ Kreativität	- Energieverlust
+ Glück	- Streit
+ Dynamik	- Übertriebener Ehrgeiz
+ Standfestigkeit	- Hartnäckigkeit
+ Risikobereitschaft	- Egozentrik
+ Unbekümmertheit	- Erschöpfung

Hochform

Gesteigerte Energie und ein enormer Drang zu Aktivität bestimmen die Qualität dieser Zeit. Ihr Kräftepotential scheint sich kaum zu erschöpfen und spornt Sie zu Höchstleistungen an. Die primäre Austragungsebene für das erhöhte Maß an Leistungsfähigkeit ist Ihre Sexualität. Das könnte Ihren Partner sehr erfreuen. Wenn nicht, werden Sie wohl oder übel ein anderes Ventil für Ihren gesteigerten Hormonhaushalt finden müssen. Nehmen Sie aber nicht gleich den Erstbesten von der Strasse, sondern überlegen Sie, wie Sie die momentanen Kräfte sinnvoll einsetzen können. Vielleicht steht Ihnen ja auch gar nicht der Sinn nach ausschweifenden Liebeleien und Sie investieren Ihre Power lieber in ein anderes Projekt, das viel Energie verzehrt. Tatsache ist, dass Sie im Moment jede Menge erreichen können. Tatsache ist jedoch auch, dass Sie mit Ihren Kräften haushalten sollten. Sie merken sonst gar nicht, dass Sie sich verausgaben. Sie könnten in Ihrer Abenteuerlust auf einen neuen Menschen treffen, der Ihr Leben von Grund auf verändert. In Ihrem Dasein wird sich eine nicht gekannte Dynamik manifestieren. Wenn Ihr Leben bis zum jetzigen Zeitpunkt eher wie ein stilles Wasser dahinplätscherte, so bewirkt dieses Prinzip, dass Sie entweder aus eigener Initiative oder von außen her mit einer erfrischenden Brise durchströmt werden. Ist Ihre Beziehung momentan in eine Art Winterschlaf gefallen, so können Sie nun die Initiative ergreifen und Sie wieder zu neuem Leben erwecken. Das ist eine gute Zeit, aus der Monotonie zu erwachen, das Bestehende zu reanimieren und in neue unerforschte Regionen vorzudringen. Sie könnten sogar auf die Idee kommen zu heiraten. Sie sollten auf jeden Fall die Strömung der Zeit nutzen, und etwas unternehmen, was Ihnen wichtig erscheint. Warten Sie nicht auf die Bereitschaft von Außenstehenden. Sie sollten sich vor Augen führen, dass es noch mehr im Leben zu entdecken gibt, als das altbekannte Spektrum, welches in dieser Form überlebt zu sein scheint und einer Wende bedarf.

Stichworte zu Jupiter Quadrat Venus

Jupiter
Quadrat
Venus

+ Anziehung
+ Überschwang
+ Toleranz
+ Großzügigkeit
+ Menschlichkeit
+ Wohlstand
+ Vornehmheit
+ Sozial
+ Mitgefühl
+ Großartigkeit

- Nachlässigkeit
- Berechnung
- Vulgärer Geschmack
- Angeberei
- Übertreibung
- Misstrauen
- Neid
- Geiz
- Abwehrverhalten
- Kleinliches Denken

Bereitschaft

Die derzeitigen Umstände verheißen gutes Gelingen in Sachen Liebe. Sie fühlen sich nicht nur begehrenswert, sondern Sie sind es auch tatsächlich. Ohne großes eigenes Zutun, bringen Sie es fertig, die Menschen für Sie zu interessieren. Man möchte sich mit Ihnen verabreden und Ihre Gunst erwecken. Allerdings müssen Sie sich, um in diesen Genuss zu geraten, ein bisschen in Bewegung setzen. Der Traumprinz wird sicher nicht über die Dornenhecke zu Ihnen ins Kämmerlein klettern, um Sie dort wach zu küssen. Bequemlichkeit und Passivität werden nicht belohnt, deshalb ist Eigeninitiative angesagt. Wenn Sie etwas erleben möchten und Stoff brauchen, um Ihre Freundinnen mit Geschichten aus Ihrem Liebesleben zu versorgen, dann kann es jetzt losgehen. Wäre doch schade, wenn es Brei regnet und Sie hatten keinen Löffel dabei. Die Beziehung, die zu diesem Zeitpunkt beginnt, zeichnet sich dadurch aus, dass sie sehr innig erscheint. Doch bei den Beteiligten erzeugt sie eine Diskrepanz zwischen dem Verlangen, mit dem anderen eins zu werden und dem extremen Bedürfnis nach Freiheit und Ungebundenheit. Damit haben Sie die schöne Aufgabe vor sich, genau abzuwägen, wie Sie diese beiden Komponenten in ein erträgliches und lebbares Gleichgewicht bringen können. Ihre Aussichten könnte man folgendermaßen beschreiben, dass Sie sich nach einer Liebesbeziehung sehnen, was jedoch nur dann verwirklicht werden kann, wenn in Ihnen auch die Bereitschaft dazu vorhanden ist. Bewusst wünschen Sie sich vielleicht eine tolle Beziehung, aber unbewusst haben Sie eventuell Blockaden aufgebaut, die es verhindern, dass Sie jemandem begegnen, der zu Ihnen passt. Es liegt bei Ihnen, was Sie aus dieser Zeit machen. Die positiven Ereignisse werden Sie nur dann ereilen, wenn Sie es sich zugestehen können, dass Sie Positives verdient haben. Sie ernten sonst nur das, was Sie ausstrahlen. Bedenken Sie jetzt genau, was Sie sich in Sachen Liebe wirklich wünschen.

Stichworte zu Jupiter Quadrat Mond

Jupiter
Quadrat
Mond

+ Intuition
+ Anziehungskraft
+ Gefühlsstärke
+ Edelmut
+ Grazie
+ Intuition
+ Talent
+ Begeisterungsfähigkeit
+ Gemütvoll
+ Freigiebigkeit

- Labilität
- Konsumtrieb
- Teilnahmslosigkeit
- Gewichtszunahme
- Selbstmitleid
- Unreife
- Wankelmut
- Mangelnder Ehrgeiz
- Größenwahn
- Gleichgültigkeit

Emotionale Freiheit

Emotionen, die aus der Vergangenheit wieder an die Oberfläche dringen, sind ein signifikantes Merkmal des derzeitigen Zustands. Vielleicht gibt es auch Déjà-vu-Erlebnisse der Gefühlswelt, die jetzt danach drängen ausgelebt oder gelöst zu werden. Allerdings ist das Gemüt optimistisch, ja sogar ein wenig selbstgefällig. Sie könnten die Sehnsucht nach vertrauten Plätzen und Menschen verspüren und möchten gerne allen geschundenen Seelen zur Seite stehen und Ihre helfende großherzige Hand auf die Wunden Ihrer Mitmenschen legen. Allerdings sollten Sie sich dabei nicht verausgaben und zusehen, dass noch genug Energie übrig bleibt für diejenigen, die wirkliche Aufmerksamkeit verdienen. Die Objektivität geht jetzt durch den Überschwang an Emotionen manchmal verloren, so dass Ihr Großmut Menschen zuteil wird, die Sie ausnutzen könnten. Dadurch dürften sich zwangsläufig diejenigen vor den Kopf gestoßen fühlen, die Ihnen wirklich nahe sind. Ihre große Emotionalität stiftet Verwirrung und erzeugt zwiespältige Gefühle bei Ihrem Gegenüber, was wiederum Sie verunsichert, da Sie es doch gut gemeint haben. Ihre Gefühle sind in aufgeputschter Stimmung. Alle Entscheidungen sind emotional geprägt, und verzögern das Erreichen des wirklichen Ziels. Durch Ihre momentan wenig vom Verstand geprägte Auftretensweise wirken Sie unglaubwürdig, was den Aufbau oder den Verlauf einer schon bestehenden Beziehung erschwert. Versuchen Sie herauszufinden, ob Sie diese ganzen Aktionen nicht nur deshalb starten, weil Sie selbst innerlich leer sind und gefüllt werden wollen. Sich mit philosophischen Themen auseinanderzusetzen und seiner Seele zu Wachstum zu verhelfen, ist eine geeignete Maßnahme, sich innerlich mehr zu festigen. Es ist eine Phase, in welcher Sie lernen können, synchron zu emotionaler Freiheit, emotionale Nähe zu sich und anderen zu erwirken.

Stichworte zu Jupiter Quadrat Merkur

Jupiter
Quadrat
Merkur

+ Gelehrtheit
+ Wahrheitsliebe
+ Wissensdrang
+ Optimismus
+ Sinnfindung
+ Toleranz
+ Spontaneität
+ Interesse
+ Inspiration
+ Ausdrucksstärke

- Hochmut
- Trägheit
- Nervosität
- Voreiligkeit
- Mangelnde Disziplin
- Schalk
- Naivität
- Verdrehung der Tatsachen
- Phlegma
- Fehlplanung

Inspiration

Das ist eine gute Zeit, neue Dinge in Angriff zu nehmen. Ihr geistiges Potential verlangt nach einem Ventil. Ihre Ideen wollen verwirklicht werden und treiben Sie an, etwas in Ihrem Leben zu bewegen. Diese Veränderung kann auch in der Form vonstatten gehen, dass Sie neue Kontakte knüpfen werden. Die neuen Inputs sind dadurch geprägt, dass Sie Ihre Art und Weise, die Welt zu betrachten, neu definieren. Sie fühlen sich aufgefordert, Ihr Leben neu zu durchdenken und ihm weitere Spektren zu verleihen. Die alten Denkmuster, auch in Bezug auf Ihr Liebesleben, befriedigen Sie nicht mehr. Das würde im stillen Kämmerlein allerdings eher zu subjektiv geprägten Ergebnissen führen. Deshalb sollten Sie nach draußen gehen und sich die Meinungen und Kritiken von Außenstehenden anhören. Tauschen Sie sich aus mit anderen Menschen und hören Sie, was diese zum Beispiel über Beziehungen zwischen Männern und Frauen denken. Lassen Sie zu, dass nicht jeder die gleiche Meinung hat wie Sie selbst. Der Mensch neigt nun mal dazu, seine Sichtweise als die einzig richtige zu betrachten. Durch bereitwilliges Tolerieren anderer Leute Meinung, erweitert sich automatisch der eigene Geist. Sie werden als erfreulichen Nebeneffekt bemerken, dass sich dadurch Ihre Betrachtungsweise für bestimmte Dinge ändert. Werden Sie aktiv, sehen Sie sich um, was es für Möglichkeiten gibt. Möglichkeiten, die nur darauf warten, realisiert zu werden. Es ist nicht auszuschließen, dass Sie eine große Idee ereilt. Aber wenn es so geschieht, setzen Sie es auch in die Tat um, damit es kein Hirngespinst bleibt. Das ist auch so ein beliebter Sport von manchen Zeitgenossen, dass sie lieber über die Dinge, die sie tun wollen, reden, anstatt Sie zu realisieren. Beziehen Sie Ihren Partner in Ihre Pläne ein und vielleicht ist es die entscheidende Sache, die Sie gemeinsam verwirklichen können. Das wäre ein besonders positiver Verlauf Ihrer geistigen Stimulans.

Stichworte zu Jupiter Quadrat Mars

Jupiter
Quadrat
Mars

+ Energie
+ Zielstrebigkeit
+ Ausdauer
+ Triebhaftigkeit
+ Aktivität
+ Angriffslust
+ Wagemut
+ Geselligkeit
+ Antrieb
+ Redekunst

- Verschwendung
- Gewalt
- Fanatismus
- Vernichtung
- Auseinandersetzungen
- Stress
- Schlampigkeit
- Extremes Handeln
- Unzuverlässigkeit
- Heuchelei

Abenteuerlust

Das ist der Mars Power-Riegel, der Ihnen gerade beschert wird. Sie fühlen sich jetzt sehr Energie geladen. Und zu Ihrem körperlichen Wohlbefinden benötigen Sie mindestens einmal pro Tag eine Kraftentladung. Sehr zum Leidwesen Ihrer nächsten Mitmenschen brauchen Sie ständig Aktion. Wenn Sie es schaffen, die Energie, die momentan in Ihren Adern fließt, zu bündeln, haben Sie gute Chancen durch Ihr gesteigertes Selbstvertrauen die selbst gesteckten Ziele zu erreichen. Sie könnten sogar übers Ziel hinausschießen. Das hängt davon ab, ob Sie, bevor Sie in Aktion treten, Ihr Gehirn einschalten. Unbedachte Handlungen können jetzt das genaue Gegenteil von dem hervorrufen, was ursprünglich beabsichtigt war. Auf partnerschaftlicher Ebene könnten Sie sich aufgrund des derzeitigen Überschwangs Ihres Wesens und Ihrer Superman- oder Superfrau-Mentalität dazu angestiftet fühlen, Ihre Grenzen auszutesten. Eventuell stoßen Sie Ihren Liebsten derb vor den Kopf und lassen Ihn abblitzen, weil Sie davon überzeugt sind, dass Sie an jedem Finger zehn Männer haben können. Dieses Verhalten wird sicher nicht auf Beifall stoßen und Sie sollten sich, bevor Sie durch Ihr Omnipotenzdenken alle vergraulen, ganz scharf darüber nachdenken, ob Sie es sich leisten können, einen treuen Gefährten zu verlieren. Auf der anderen Seite würde Ihr Liebesleben einen neuen Kick bekommen, wenn Sie die Energien innerhalb der Beziehung zur Wirkung kommen lassen. Sie sind jetzt sehr aufgeschlossen und auch auf sexuellem Gebiet schnell erregbar. Sie stehen neuen Impulsen sehr aufgeschlossen gegenüber, was Ihr Partner sehr zu schätzen wüsste. Oder auch nicht. Denn zurzeit sind Sie auch prädestiniert für Seitensprünge. Aber passen Sie auf und vergessen Sie in Ihrer Unbändigkeit nicht, zu wem Sie gehören. Wenn Sie allein sind, so dürften Sie schnell neue Kontakte knüpfen und dabei interessante Menschen treffen, die Ihre Hormone in Wallung bringen können.

Stichworte zu Saturn Konjunktion Venus

Saturn
Konjunktion
Venus

+ Treue
+ Leistungsfähigkeit
+ Ehrlichkeit
+ Verantwortungsbewusstsein
+ Genügsamkeit
+ Beständigkeit
+ Ernsthaftigkeit
+ Aufrichtigkeit
+ Disziplin
+ Besonnenheit

- Geringe Spontaneität
- Materialismus
- Hindernisse
- Genussfeindlichkeit
- Gehemmte Sexualität
- Gefühlskälte
- Sparsame Liebesbezeugungen
- Beschränkung
- Skepsis
- Sicherheitsdenken

Prüfung

Für diejenigen, die in einer Beziehung leben, ist das die Zeit der großen Prüfung. Sie fühlen sich womöglich eingeengt und Sie schieben schnell die Schuld dafür Ihrem Partner in die Schuhe. Sie sollten aber bedenken, dass Sie die Person sind, die sich diesen Menschen einmal ausgesucht hat. Ob bewusst oder unbewusst haben Sie jemanden gewählt, der Sie jetzt versucht zu dominieren. Wenn Sie ein unsicherer Mensch sind, kann Sie das Bedürfnis nach Konsolidierung in die Arme eines Despoten getrieben haben. Das, was Ihnen vorher als Stabilisator dienen sollte, schlägt jetzt ins Gegenteil um und Sie könnten sich fragen, was Ihnen Ihre Beziehung überhaupt zu geben hat und ob es für Sie in diesem Moment noch so wichtig ist, in der Partnerschaft zu verharren. Jede Liebesbeziehung entsteht doch oftmals nur deshalb, weil man in dem anderen etwas sieht, was einem selbst fehlt. Er oder sie soll Sie selbst dann vervollständigen. Ist irgendwann der Zeitpunkt gekommen, an welchem festgestellt wird, dass man selbst sich weiterentwickelt hat, wird die Projektionsfläche überflüssig und es macht sich die Erkenntnis breit, dass der andere auch nur mit Wasser kocht. Vermutlich ist derjenige selbst unsicher und benutzt Sie nur, um seine Macht an einem hilflosen Wesen ausagieren zu können. Wenn das tatsächlich alles war, was Ihre Verbindung zusammenhielt, dann wird sie diese Zeit nicht ohne Blessuren überstehen. Ist Ihre Beziehung jedoch innig und auf solidem Fundament gebaut, wird sie diese schwierige Phase überdauern. Sie wird danach sogar noch fester und gereifter sein. Ob man gemeinsam durchs Leben gehen kann, stellt sich erst dann heraus, wenn einige Prüfungen absolviert worden sind. Leben Sie allein, werden Sie es die nächste Zeit auch lieber bleiben, weil Sie Ihre Energien darauf verwenden sollten, eine Art Wunschzettel zu formulieren, der genau definiert, was Sie für Ihr Leben benötigen und der es Ihnen erspart, aus der nächsten Beziehung wieder als Opfer herauszugehen.

Stichworte zu Saturn Konjunktion Mond

Saturn
Konjunktion
Mond

+ Fairness	- Emotionslosigkeit
+ Respekt	- Pessimismus
+ Ehrlichkeit	- Bindungsscheu
+ Erfolg	- Introvertiertheit
+ Sensibilität	- Schwermut
+ Loyalität	- Verschlossenheit
+ Vertrauen	- Gebremstheit
+ Ernsthaftigkeit	- Negative Erwartungshaltung
+ Reife	- Minimale Gefühlsäußerungen
+ Kompetenz	- Schuldgefühle

Verdunkelung

Im Moment dürften Sie sich ein wenig wie Obelix fühlen, der den ganzen Tag einen Hinkelstein mit sich herumschleppt. Nur sind Sie leider keine Comicfigur, sondern ein menschliches Wesen, und Sie tragen den Hinkelstein eher auf Ihrer Seele spazieren. In Ihrem Inneren sieht es düster aus, aber Sie können einfach den Lichtschalter nicht finden. Sie tun sich schwer damit, Ihre Emotionen auszudrücken oder gar zu zeigen. Ein bisschen nach innen zu schauen, dürfte ganz gut tun. Aber gehen Sie nicht zu hart mit sich ins Gericht. Versuchen Sie herauszufinden, wo der Knackpunkt liegt. Dazu müssen Sie nicht gleich zur Nonne werden. Es genügt völlig, einige Selbstbeschränkungen aufzugeben und das Empfinden der eigenen Mangelhaftigkeit überwinden zu lernen. Das ist leichter gesagt als getan, aber in manchen Zeiten müssen wir lernen, uns selbst eine gute Mutter zu sein. Versuchen Sie es. Sie werden sehen, wie stark es Sie macht, wenn Sie erfahren, dass Sie sich selbst die Geborgenheit geben können, auf die man manchmal vergebens wartet. Arbeiten Sie an diesem Thema und Sie werden feststellen, dass es sehr beglückend sein wird. Leben Sie in einer Beziehung, wäre eine weitere Möglichkeit, dass Ihr Partner auf Ihren Gefühlen herumtrampelt und versucht, Ihnen permanent ein schlechtes Feeling zu bereiten. Prüfen Sie, welche bewusste oder auch unbewusste Absicht dahinter stecken könnte. Lassen Sie sich keine Schwachheiten einreden, die Sie verunsichern sollen. Ziehen Sie sich nicht jeden Schuh an. Die Blockaden im verbalen und nonverbalen Austausch von Gefühlen kann schon länger ein Problem zwischen ihnen darstellen. Sind Sie es oder der Partner, der gehemmt ist in der Auslebung seiner Emotionalität? Eventuell ist Ihre Liebe zueinander erkaltet und liegt schon im ewigen Eis begraben und Sie haben es noch gar nicht bemerkt?

Stichworte zu Saturn Konjunktion Mars

Saturn
Konjunktion
Mars

+ Ausdauer
+ Besonnenheit
+ Selbstkontrolle
+ Mut
+ Realismus
+ Leistungsfähigkeit
+ Zurückhaltung
+ Sorgfalt
+ Rationalismus
+ Umsicht

- Anspannung
- Negativität
- Gewalt
- Hass
- Zerstörung
- Zorn
- Machthunger
- Frustration
- Aggression
- Tyrannei

Staumauer

Festgefahren, das ist der geeignete Ausdruck für die Dynamik dieses Zeitpunkts. Ihre Lebensenergie ist erschöpft. Das kann daher rühren, dass Sie in der Vergangenheit zu hart gearbeitet haben, oder dass Ihnen die Flexibilität und der spielerische Umgang beim Erledigen der alltäglichen Pflichten abhanden gekommen sind. Sie betrachten Ihr Leben mit einer gewissen Trostlosigkeit und vermissen den Silberstreifen am Horizont, der neue Hoffnung auf Besserung verheißt. Sie denken, dass es an mangelnder Organisation liegt, dass eigentlich nichts so verläuft, wie es sollte, aber das stimmt nicht. Der Knackpunkt liegt im loslassen können. Geben Sie Ihren Energieströmen die Möglichkeit, frei fließen zu können. Lassen Sie ihnen die Freiheit, sich eigene Wege zu suchen und überlassen Sie es Ihrem Körper, die Richtung dafür zu finden. Geben Sie sich dem Strom des Lebens hin. Wer sich selbst eingrenzt, hat nicht die Möglichkeit wahren Genuss zu empfinden. Kontrollieren Sie sich nicht ständig selbst, das blockiert nur. Das Leben besteht nicht nur aus Pflicht, sondern auch aus Sinnlichkeit. Tun Sie sich etwas Gutes und vermiesen Sie sich nicht den ganzen Tag mit Selbstkritik. Schleichen Sie sich ein wenig aus der selbst auferlegten Verantwortung heraus. Gehen Sie davon aus, dass Sie auch liebenswert sind, ohne sich jedes Mal unter Beweis stellen zu müssen. Liebe hat nichts mit dem ehrgeizigen Erringen einer Goldmedaille zu tun. Wenn Sie sich selbst begrenzen, werden Sie nie die Vielfalt der unbegrenzten Möglichkeiten dieser Welt kennen lernen. Es kommt lediglich darauf an, wie Sie es fertig bringen, aus einer gebremsten Energie eine dynamische, frei fließende Lebensenergie zu zaubern. Auch sollte vermieden werden, den Liebesakt als Leistungssport zu betrachtet, weil das den Austausch freiwillig geleisteter Gefühle behindert.

Stichworte zu Saturn Konjunktion Merkur

Saturn
Konjunktion
Merkur

+ Zielstrebigkeit	- Verkrampftheit
+ Aufrichtigkeit	- Sonderling
+ Ehrgeiz	- Traditionalität
+ Organisationstalent	- Kritiker
+ Begabung	- Introvertiertheit
+ Verantwortungsbewusstsein	- Schüchternheit
+ Talent	- Pessimismus
+ Strukturierung	- Verspanntheit
+ Gewissenhaftigkeit	- Besessenheit
+ Zurückhaltung	- Teilnahmslosigkeit

44

Realität

Falls Sie schon länger in einer Beziehung leben sollten, so kann in Ihnen die Tatsache zur Gewissheit werden, dass es der Partnerschaft ein wenig an Frohsinn gefehlt hat. Wenn Sie sich Ihre gemeinsame Lebensführung betrachten, haben Sie sich eventuell zu stark darauf konzentriert, der Gemeinsamkeit zwar ein materielles Fundament zu schaffen, aber auf der anderen Seite versäumt, die Freude aneinander zu bewahren. Es ist eine häufig anzutreffende Sitte, dass mehr Energie darauf verwendet wird, sich die in unserer Zeit nötigen Statussymbole zu erwirtschaften, und dabei zu vergessen, dass es genauso wichtig ist, die zwischenmenschlichen Bedürfnisse nach Liebe und Zärtlichkeit zu befriedigen. Das kommt oft in Verbindungen vor, wo eine anerzogene Moral die Menschen dazu veranlasst, ihre Sexualität zu verleugnen und diese brachliegende Energie mit harter Arbeit zu kompensieren. Wer das lange genug praktiziert hat und abends immer nur todmüde ins Bett gefallen ist, wird eines morgens erwachen und sich fragen, wofür er sich eigentlich so viel aufgehalst hat. Wer erkennt, dass sein Bankkonto immer dicker geworden ist, sein Herz jedoch immer enger, sollte seine Wertmassstäbe hinterfragen. Schalten Sie einen Gang herunter und gönnen Sie Ihrer Seele zur Abwechslung auch mal ein wenig Nahrung. Das ist viel wichtiger, als mit einem schönen Sportwagen durch die Stadt zu fahren. Aber was nützt das tolle Auto, oder die zwanzig Paar Schuhe im Schrank, wenn die Fähigkeit und die Zeit fehlen, das alles auch genießen zu können.

Wer im Moment ohne Partnerschaft lebt, könnte das darauf zurückführen, dass der Aufstieg auf der Karriereleiter ihm größere Genugtuung bereitet hat, als die weitaus schwierigere Disziplin der Beziehungsführung. Irgendwann werden auch diese feststellen, dass es eher traurig ist, seine Erfolge alleine feiern zu müssen oder im besten Fall mit halbherzigen Freunden. Öffnen Sie doch einfach mal Ihr Herz, denn Liebe gibt es leider nirgendwo zu kaufen. Die kann man nur schenken.

Stichworte zu Saturn Quadrat Venus

Saturn
Quadrat
Venus

+ Gerechtigkeit	- Geiz
+ Treue	- Selbstmitleid
+ Zuverlässigkeit	- Kontaktmangel
+ Ehrlichkeit	- Hemmung
+ Ausgewogenheit	- Gefühl von Ablehnung
+ Ordnungsliebe	- Pessimismus
+ Rechtschaffenheit	- Sonderling
+ Standfestigkeit	- Nörgler
+ Verbindlichkeit	- Verkrampfung
+ Integrität	- Schwermut

Eiszeit

Zurzeit könnten Sie sich vorkommen, als wären Ihre Gefühle so heiß wie ein Paket Spinat im Tiefkühlfach. Leben Sie gerade in einer Beziehung, so haben Sie hier mit einem gewissen Grad an Trübsinnigkeit zu kämpfen. Ihre Gefühle dem Partner gegenüber haben die Tendenz, sich auf ein Minimum zu reduzieren. Sie könnten erkennen, dass Ihnen die Partnerschaft nicht genügend Freiraum bietet. Sie stellen vermutlich fest, dass Sie in Bezug auf das Miteinander ein wenig entmutigt sind. In Ihrem tiefsten Inneren wissen Sie, dass Sie nicht wirklich das leben, was Sie sich gewünscht haben. Sie mögen darüber nachdenken, ob es überhaupt noch Sinn hat, Gefühle zu investieren. Es kann eine gewisse Furcht vor eventuellen Opfern in Ihnen rumoren, die keine Nähe mehr aufkommen lassen will. Diese Abwehr kann daher rühren, dass Sie schon im Vorfeld mit einer Zurückweisung rechnen und davon ausgehen, dass Ihre Gefühle verletzt werden. Das kann darauf zurückzuführen sein, dass Sie sich, um dieses falsche Muster leben zu können, jemanden auswählen, der Ihre Annahme auch bestätigt. Suchen Sie in sich selbst nach der Blockade, die es verhindert, intensive Gefühle auszuleben und auszudrücken. Zu lieben, bedeutet immer auch, dass man etwas von sich hergibt. Und dazu kann im Moment noch die Bereitschaft fehlen. Die derzeitige Krise wird Sie reifen lassen und entweder durch das Lockern der Fesseln enger aneinander schweißen, oder, wenn das nicht möglich ist, Ihren eigenen Weg finden lassen. Hegen Sie jedoch irgendwelche Zweifel daran, dass die Mauer um Sie herum zum Verschwinden gebracht werden kann, dann ist es sehr gut möglich, dass diese Beziehung in dieser Form nur noch eine geringe Daseinsberechtigung haben wird. Falls Sie gerade vor der Entscheidung stehen, in den heiligen Bund der Ehe einzutreten, sei Ihnen geraten, das Datum des Hochzeitstages noch einige Zeit hinauszuschieben, damit Sie noch einmal prüfen können, ob die zukünftige Lebenssituation Ihnen gemäß erscheint.

Stichworte zu Saturn Quadrat Mars

Saturn
Quadrat
Mars

+ Verantwortung	- Stimmungswandel
+ Widerstandsfähigkeit	- Emotionslosigkeit
+ Ehrgeiz	- Egoismus
+ Ausdauer	- Frustration
+ Genügsamkeit	- Unausgeglichenheit
+ Selbstdisziplin	- Gewalt
+ Energie	- Aggression
+ Durchhaltevermögen	- Kälte
+ Stehvermögen	- Negatives Denken
+ Potenzial	- Verbitterung

Widerstand

Die Dinge werden jetzt nicht den Verlauf nehmen, den Sie Ihnen anfangs zugedacht haben. Ihre Bemühungen stoßen entweder auf taube Ohren oder erzeugen einen Konflikt. Sie möchten sich zuhause einen gemütlichen Abend machen und Ihr Partner will garantiert das Gegenteil. Sie würden gern ausgehen und Ihr Partner wünscht sich nichts sehnlicher, als sich ins Bett zu legen und den Fernseher einzuschalten, damit er von Ihnen nichts mehr hört. Diese Dissonanzen gehen natürlich nicht unbeachtet an Ihnen vorbei. Sie könnten darüber ganz schön in Rage geraten, aber es wird Ihnen nichts nützen. Irgendwie läuft der Energiestrom in entgegen gesetzte Richtungen. Bleiben Sie ruhig, tun Sie Ihre Arbeit und machen Sie sich bewusst, dass nichts ewig dauert. Konzentrieren Sie sich auf das, was wichtig ist und Vorrang hat. Legen Sie sich nicht ständig mit anderen Leuten an, die Ihnen durch Ihre Art und Weise des Auftretens sowieso nur zu verstehen geben, dass Sie zurzeit nicht ihr Favorit sind. Ihr Liebesleben könnte dadurch auch ganz schön ins Hintertreffen geraten. Da Ihr Energiefluss Schwankungen unterliegt, werden Sie in dieser Hinsicht keine Höchstleistungen vollbringen. Sie sollten sich an dieser Stelle fragen, wodurch dieses Manko an Power entstanden ist. Eventuell haben Sie Ihre Energie auf einem Gebiet verschwendet, das es nicht wert war, dass man sich deswegen verausgabt hat. Gehen Sie los und suchen Sie die Ursache für Ihren Zustand lieber bei sich selbst, anstatt anderen unschuldigen Wesen Ihrer Umgebung ein schlechtes Gewissen zu vermitteln. Versuchen Sie Ihre gegenwärtige Situation mit Humor zu betrachten, und hören Sie auf, ständig etwas forcieren zu wollen. Lockern Sie die Zügel. Im Grunde ist dies keine schlechte Zeit. Sie stehen sich nur ständig selbst im Weg und verpassen durch mangelnde Flexibilität schöne Gelegenheiten, die Ihnen Ihr Dasein erleichtern könnten.

Stichworte zu Saturn Trigon Venus

Saturn
Trigon
Venus

+ Förderung
+ Verantwortungsbewusstsein
+ Selbstbeherrschung
+ Anerkennung
+ Positive Einstellung
+ Ordnungsliebe
+ Treue
+ Gerechtigkeitssinn
+ Zuverlässigkeit
+ Hilfsbereitschaft

- Engstirnigkeit
- Kopflastigkeit
- Ernsthaftigkeit
- Abweisung
- Zeitweilige Kühle
- Liebe auf den zweiten Blick
- Redefaulheit
- Zurückhaltung
- Wenig Euphorie
- Gebremste Leidenschaft

Reife

Einer schon bestehenden Beziehung kann diese Phase eine größere Beständigkeit verleihen. Die Bande, die sich zwischen zwei Menschen gebildet haben, können sich verdichten. Das ist zwar keine besonders von Romantik geprägte Zeit, aber dafür gibt sie den Beteiligten die Einsicht, zu erkennen und schätzen zu lernen, was sie aneinander haben. Oder auch nicht. Sie sind jetzt in der Lage, Ihren Partner objektiv einzuschätzen und können lernen, ihn besser zu akzeptieren als vorher. Eine neue Sichtweise bezüglich Ihrer Verbindung lässt Sie die pragmatischen Vorteile der Beziehung erkennen. Ihr Wunsch nach einer konstanten Partnerschaft könnte vordergründiger sein, als das flüchtige Gefühl der Ekstase. Wenn Sie zu den Menschen gehören, die lieber in einer Traumwelt verweilen, und die Segel streichen, sobald es ernst wird, könnten Sie etwas frustriert sein. Häufig entstehen unter der Qualität solcher Zeiten auch Verbindungen zu reiferen Menschen, woraus auch Liebesbeziehungen zu einem erheblich älteren und erfahreneren Partner hervorgehen können. Dieser, in seinen Lebenserfahrungen schon weiter fortgeschrittene Mensch, kann Sie in der Ausbildung Ihrer Persönlichkeit einen wesentlichen Schritt weiterbringen. Wenn Sie in Ihrer Kindheit keinen starken Vater hatten, so kann Ihnen durch diese Beziehung davon ein Stück zurückgegeben werden. Dies geschieht oft bei Individuen, die von Ihren Eltern nicht genug Aufmerksamkeit und Anerkennung bekommen haben. Sie neigen dazu, dieses Manko in späteren Jahren durch die Wahl eines reiferen Partners auszugleichen. Manchmal haben solche Beziehungen sogar über längere Zeit Bestand. Es kommt darauf an, in wieweit man sich in dieser Zeit selbst entwickelt und in der Lage ist eine eigene Souveränität zu entwickeln. Andere sind ihrem Alter schon voraus und sehen in einem gleichaltrigen Partner keine Chance, sich weiterentwickeln zu können und wählen deshalb einen älteren Gefährten.

Stichworte zu Saturn Trigon Mond

Saturn
Trigon
Mond

+ Solidität
+ Optimismus
+ Aufrichtigkeit
+ Sicherheit
+ Pflichtbewusstsein
+ Güte
+ Mut
+ Dauerhaftigkeit
+ Kreativität
+ Wahrheitsliebe

- Moral
- Strenge
- Vorsicht
- Genügsamkeit
- Zurückhaltung
- Kargheit
- Unnachgiebigkeit
- Sturheit
- Pragmatismus
- Konservative Einstellung

Klarheit

Wer bis jetzt unschlüssig war, ob er eine eingegangene Beziehung zu einem Mann oder zu einer Frau konsolidieren soll, der kann sein Bedürfnis nach einer festen Bindung jetzt realisieren. Ihr Gefühlsleben könnte gefestigt aus dieser Phase hervorgehen. Die Zweifel, die Sie bis jetzt davon abhielten sich in einer Liebesbeziehung den Tatsachen zu stellen, dürften dahin schmelzen. Sie streben innerlich danach, Ihren Emotionen einen entsprechenden äußeren Rahmen zu geben. Das kann ein engeres Zusammenleben mit dem Partner mit sich bringen, wie auch den Rückzug aus einer Verbindung. Diese beiden Varianten spielen sich wahrscheinlich auf einer inneren Ebene ab. Ihr Fühlen und Denken sind von einer gewissen Nüchternheit geprägt, was Ihnen sowohl die Möglichkeit gibt, in die eine sowie in die andere Richtung zu tendieren. Sie strukturieren Ihre Gefühle und lassen Ihren Verstand entscheiden, wie oder was Sie denn nun fühlen sollen. Im einen oder anderen Fall kann das für bestimmte Menschen ganz hilfreich sein. Es kommt darauf an, wie Sie in Ihrem Leben mit Emotionen umgegangen sind. Wenn Sie ein eher unschlüssiger Charakter sind, sollte Ihnen diese Tendenz eine Entscheidung erleichtern und Sie in einer ungewissen Situation auf den richtigen Weg führen. Oft ist es wichtig, nicht nur aus dem Gefühl heraus zu agieren, sondern sich vom Verstand leiten zu lassen. Sie sind jetzt in der Lage, einen klaren Standpunkt einzunehmen, ohne das Risiko eingehen zu müssen, eventuell vorschnell gehandelt zu haben. Wägen Sie alle möglichen Konsequenzen gegeneinander ab und Ihr Geist wird die richtige Entscheidung treffen. Holen Sie sich im Zweifelsfall den Rat von einer älteren weiblichen Person ein und nehmen Sie Ratschläge von Menschen an, die eine größere Lebenserfahrung als Sie selbst aufzuweisen haben.

Stichworte zu Uranus Konjunktion Venus

Uranus
Konjunktion
Venus

+ Spontaneität	- Turbulenzen
+ Freiheitsdrang	- Plötzliche Trennungen
+ Aufregende Begegnungen	- Unstetigkeit
+ Plötzliche Verliebtheit	- Schneller Überdruss
+ Originalität	- Instabilität
+ Soziale Ader	- Überstürztes Handeln
+ Beeindruckbarkeit	- Bindungsangst
+ Lebhaftigkeit	- Flucht vor der Norm
+ Esprit	- Flatterhaftigkeit
+ Individualität	- Nervosität

Frischer Wind

Sie erleben gerade eine sehr abenteuerliche Phase. Ihr Gefühlsthermomometer ist auf einer Berg- und Tal-Fahrt. Einmal steht es auf vierzig Grad plus und manchmal sinkt es auf zehn Grad minus ab. Sie haben das Bedürfnis neue Spannungszustände in Ihrem Leben zu erzeugen, da Ihr momentanes Dasein für Sie so viel Aufregung birgt wie das Wort zum Sonntag. Wenn Sie allein leben, kann es sein, dass Sie jetzt einen für Sie sehr interessanten Menschen treffen und sich Hals über Kopf verlieben. Das Objekt Ihrer Begierde kann sich grundlegend von denjenigen unterscheiden, die Sie bisher getroffen haben. Das ist auch der Grund für die große Faszination, die es ausstrahlt. Falls Sie diesem Menschen schon begegnet sein sollten, achten Sie darauf, dass es nicht nur die Fassade ist, die so bestechend wirkt, sondern, dass noch ein paar Dauerhaftigkeit anzeigende Vorzüge vorhanden sind. Lassen Sie sich nicht blenden, es sei denn, dass Sie sich blenden lassen wollen. Wenn Sie in einer festen Beziehung leben, dürften Sie Ausbruchsgedanken hegen. Vielleicht ist Ihnen alles zu monoton und alltäglich geworden. Sie vermissen das Prickeln, das sich nicht mehr so recht einstellen will. Wenn dem so ist, und sich das Kribbeln nicht in eine innige Liebe gewandelt hat, dann sind Sie gewissermaßen an einem Wendepunkt angelangt. Zwangsläufig muss es dennoch nicht negativ verlaufen, wenn Sie es schaffen, frischen Wind hineinzubringen. Denn das ist es, was Sie zurzeit brauchen. Nehmen Sie sich zur Not eine Auszeit und knüpfen Sie neue Kontakte. Das ist absolut erlaubt, denn wenn erwartet wird, dass ein Mensch allein alle Bedürfnisse des anderen abdecken kann, so ist das ein großer Irrtum, der allerdings weite Verbreitung findet. Es ist sehr wohl möglich, den ersehnten Kick in einer bestehenden Verbindung zu bekommen. Es muss jedoch auch thematisiert werden. Klar ist jedenfalls, dass der rausfliegt, der bockt. Sprechen Sie sich aus und überlegen Sie gemeinsam, wie Sie Ihre Liebe neu erwecken können. Denn das ist möglich.

Stichworte zu Uranus Konjunktion Mond

Uranus
Konjunktion
Mond

+ Originalität
+ Offenherzigkeit
+ Positive Grundstimmung
+ Ehrlichkeit
+ Außergewöhnlichkeiten
+ Intuition
+ Phantasie
+ Geselligkeit
+ Freiheitsdrang
+ Anregung

- Nervosität
- Reizbarkeit
- Bindungsflucht
- Spannungszustände
- Unberechenbarkeit
- Unzuverlässigkeit
- Impulsivität
- Launen
- Gereiztheit
- Stimmungsschwankungen

Impuls

Jetzt kommt Unruhe ins Haus. Sie werden aus Ihrem Dornrö-schenschlaf wachgerüttelt. Die Veränderungen, die jetzt vonstatten gehen, betreffen Sie auf der emotionalen Ebene, was soviel bedeu-tet, als dass sich Ihre Empfindungen für bestimmte Menschen in Ihrer Umgebung verändern werden. Plötzlich löst ein besonderes Verhalten einer Person in Ihnen Unbehagen aus. Zuerst werden Sie vielleicht denken, dass Sie etwas überempfindlich reagieren, aber es kann auch durchaus sein, dass Sie diese Dinge ganz einfach nicht mehr tolerieren wollen und die Beziehung zu diesem Menschen plötzlich Störfeldern unterworfen ist. Ihr Gefühlsleben ist stark sensibilisiert und hat Probleme damit, sich an unliebsame Ge-wohnheiten anderer anzupassen. Ihr Liebesleben wird dadurch unter Umständen von impulsiven Handlungen geprägt sein, da Ihr momentanes Verhalten eine gewisse Unberechenbarkeit birgt und Ihre Gefühle zum Auflodern oder Erkalten bringen kann. Auf der anderen Seite könnten Sie jetzt sehr anfällig sein für die Reize einer Person, die plötzlich in Ihr Leben tritt. Diese Person könnte auch eine Frau sein, die Ihnen vorlebt, wie Sie vielleicht selbst gern sein würden. Sie werden dadurch mit ungeliebten Seiten Ihrer selbst konfrontiert, die Sie daran erinnern sollen, dass es noch etwas an Ihnen zu vervollkommnen gibt. Wenn Sie in einer Beziehung le-ben, ist es möglich, dass Ihr Partner sich zu einem anderen weibli-chen Wesen hingezogen fühlt und es dadurch zu Spannungen kommt. Wie bei vielen anderen Konstellationen auch, kann es vor-kommen, dass Sie entweder in der Position des Agierenden sind oder in der des Erleidenden. Je nachdem, wie Sie mit den Auffor-derungen des Lebens umzugehen pflegen. Wird der innere Wunsch nach einer Veränderung nicht wahrgenommen oder un-terdrückt, wird man eventuell durch Ereignisse, die von außen auf einen zukommen mit der Nase darauf gestoßen. Diese Verlaufs-form kann sich im Endeffekt als die Unbequemere herausstellen.

Uranus
Konjunktion
Merkur

+ Genialität	- Unstetigkeit
+ Wissensdurst	- Exzentrizität
+ Intuition	- Arroganz
+ Beeindruckbarkeit	- Kleinkariertes Denken
+ Kommunikation	- Verzettelung
+ Unabhängigkeit	- Desorientierung
+ Aufgeschlossenheit	- Nervosität
+ Interesse	- Konzentrationsschwäche
+ Das Außergewöhnliche	- Unbeständigkeit
+ Schnelle Reaktion	- Langeweile

Neue Impressionen

Ihre Gedanken bewegen sich rasend schnell. Sie können gar nicht so viel auf einmal verarbeiten, wie der Geist gewillt ist aufzunehmen. Dies kann sich in Form einer interessanten Begegnung mit einem originellen aufgeschlossenen Menschen manifestieren, der durch seine Gedankenvielfalt neue Inspiration ins eigene Leben bringt. Alles ist auf Geschwindigkeit ausgerichtet. Dadurch kann eine Zerstreutheit und Konfusion im Denken das Leben ziemlich chaotisch beeinflussen. Neue Ideen, die Sie auf alle Fälle auch verwirklichen sollten, geben Ihrem Leben neue Impulse, die Sie aus eingefahrenen Wegen herauskatapultieren. Durch die große geistige Energie, kann es unter Umständen dazu kommen, dass Sie sich leicht verzetteln und den gerade gesponnenen Faden ebenso leicht wieder verlieren, wie er gekommen ist. Vorschnelles Aburteilen von Dingen oder vor allem von Personen mit denen Sie konfrontiert werden, ist ein zusätzliches Erscheinungsbild dieser temporeichen Zeit. Vor allzu großer Aufregung sollten Sie sich jetzt schützen, auch wenn der Sinn nach was anderem steht, da die Nerven jetzt sehr angespannt sind und dem unbändigen Erlebnis- und Wissensdurst nur bedingt folgen können. Alles in allem ist dies eine Zeit, in welcher es Ihnen gelingen kann, einen neuen Grundstein in Ihrem Denken zu legen. Vielleicht sollten Sie sich ein paar literarische Werke zum Thema Beziehungsführung zu Gemüte führen. Reichern Sie Ihr Gehirn und Ihre Seele mit Wissen an. Verlassen Sie die Stufe, auf der Sie stehen und wagen Sie, einen Schritt weiterzugehen. Unterhalten Sie sich mit Menschen, anstatt dem Moderator im Fernsehen zu lauschen. Eröffnen Sie sich den Zugang zu neuen Impressionen, die Ihren Horizont erweitern. Achten Sie aber auf Ihren Energiehaushalt und gönnen Sie sich zwischen den Aktionen ab und an eine Verschnaufpause. Danach können Sie sich wieder getrost der Vielfalt Ihrer geistigen und körperlichen Möglichkeiten zuwenden.

Uranus
Konjunktion
Mars

+ Aktion	- Überreizung
+ Abenteuerlust	- Unvorsichtigkeit
+ Triebhaftigkeit	- Hemmungslosigkeit
+ Draufgängertum	- Impulsivität
+ Gerechtigkeit	- Unfall
+ Mut	- Nervenkitzel
+ Erregbarkeit	- Hochspannung
+ Veränderung	- Unvorsichtigkeit
+ Experimentierfreude	- Übertreibung
+ Entschlossenheit	- Rücksichtslosigkeit

Explosion

Wer sich von den Fesseln der Vergangenheit lösen möchte, hat jetzt die Gelegenheit dazu. Das, was Sie schon lange in Ihrem Bewegungsfreiraum eingeschränkt hat, ist jetzt reif für den Abschuss. Ob es sich dabei nun um einen Menschen handelt, oder um eine Lebenssituation, die Sie nicht mehr befriedigt, auf jeden Fall wird es weichen müssen, um Sie zu Ihrer wahren Identität vordringen zu lassen. Was sich jetzt in Ihnen regt, sollte unbedingt beachtet werden, da es sich ansonsten ein anderes Ventil sucht, um seine Kräfte freisetzen zu können. Falls Sie bisher zauderten, eine zwischenmenschliche Beziehung, die Ihnen längere Zeit schon nichts mehr bringt, aufzulösen, haben Sie zurzeit die nötige Motivation und Kraft, das zu bewältigen. Wahrscheinlich äußert sich Ihr Unmut in Form von Zornesausbrüchen und schlechter Laune. Die Ursachen für dieses Verhalten sind in den oben beschriebenen Umständen zu suchen. Befreien Sie sich. Ändern Sie Ihr Leben. Tun Sie das, was Sie immer schon machen wollten und fragen Sie nicht lange nach dem Wenn und Aber. Damit verdirbt man sich meist das halbe Leben. Mut zum Risiko ist gefragt. Geben Sie Ihren Ideen Raum. Verlassen Sie den Langweiler, der jahrelang in Ihrem Bett gelegen hat und der Sie schon lange nicht mehr erotisch anzieht. Alltägliches Einerlei ist jetzt Gift für Sie. Nicht nur Liebesbeziehungen können in Mitleidenschaft gezogen werden, sondern auch Freundschaften und geschäftliche Verbindungen. Beginnen Sie jetzt eine Beziehung, so dürfte diese eine gewisse Unsicherheit in sich bergen. Das macht aber nichts, weil Sie auf diese Art und Weise Erfahrungen sammeln können, die Sie Ihrem Ziel, den Richtigen zu finden, näher bringt. Betrachten Sie das, was Ihnen jetzt widerfährt als Meilensteine auf dem Weg zu Ihrem Glück. Die Zeichen stehen auf Veränderung, nicht auf Festhalten. Flexibilität ist gefragt. Erst wenn Sie es geschafft haben, das Neue in sich zu konsolidieren, sind Sie auch wieder bereit für eine feste Beziehung.

Stichworte zu Uranus Quadrat Venus

Uranus
Quadrat
Venus

+ Arglosigkeit
+ Außergewöhnliches
+ Freiheitsliebe
+ Beeindruckbarkeit
+ Geselligkeit
+ Unkonventionalität
+ Kommunikation
+ Individualität
+ Kontaktfreude
+ Vernarrtheit

- Labilität
- Überaktivität
- Wenig Stehvermögen
- Strohfeuer
- Unbeständigkeit
- Wahllosigkeit
- Keine Opferbereitschaft
- Stimmungsschwankungen
- Wankelmut
- Trennung

Instabilität

Affären, die unter diesem Vorzeichen beginnen, sind meist nicht von langer Dauer. Jedenfalls nicht von der Dauerhaftigkeit, die Sie sich erträumen. Das, was jetzt manifest wird, hat eine starke Tendenz zur Instabilität. Der Partner, mit dem Sie sich unlängst auf eine Liaison einließen, hat sicher keine Heiratsabsichten. Er will frei und ungebunden bleiben und sich mit Ihnen in seiner Freizeit ein paar schöne Stunden bereiten. Ob der Reiz allerdings lange anhalten wird, sei dahingestellt. An dieser Stelle sollten Sie sich fragen, ob Sie zum jetzigen Zeitpunkt überhaupt eine feste Bindung anstreben. Könnte es nicht viel eher sein, dass, wenn Sie ehrlich zu sich sind, etwas Flexibles, Freies, Ihrem momentanen Naturell mehr entsprechen würde, als der Prinz mit der Hochzeitskutsche? In Wahrheit suchen Sie eigentlich das Ausgefallene, Besondere, Unkonventionelle. Vielleicht haben Sie insgeheim schon mal davon geträumt, ein Verhältnis mit Ihrem Tennislehrer anzufangen, oder etwas bizarrer, mit einer gleichgeschlechtlichen Person? Auch wenn Ihnen diese Interpretation etwas außergewöhnlich erscheint, so sollten Sie sich zumindest einige Ihrer geheimsten Träume eingestehen und wenn nötig auch realisieren. Wenn sich Ihnen die Möglichkeit dazu bietet und Sie in dieser Richtung ein ungelebtes Potential mit sich herumtragen, dann leben Sie es jetzt aus. Sie können neue Lebenserfahrungen sammeln und Ihr sexuelles Spektrum erweitern. Nichts schlimmer als eine permanent unterdrückte Obsession. Selbstverständlich sollten Sie es nur dann wagen, wenn Sie die Sache mit Ihrem Innern auch tatsächlich vereinbaren können. Eine bestehende Beziehung wird nur überleben, wenn die Beteiligten notwendige Umstrukturierungen vornehmen. Im Moment gibt es nichts Erdrückenderes für Sie als Langeweile und Stagnation. Folgen Sie dem Ruf nach Freiheit und Abenteuer.

Stichworte zu Uranus Quadrat Mond

Uranus
Quadrat
Mond

+ Gefühlsbetontheit
+ Liebesabenteuer
+ Sorglosigkeit
+ Vertrauensseligkeit
+ Genialität
+ Hilfsbereitschaft
+ Willensstärke
+ Offenherzigkeit
+ Vielseitigkeit
+ Emotionalität

- Ungeduld
- Unausgewogenheit
- Exzentrik
- Kompromisslosigkeit
- Eigenwilligkeit
- Unkontrolliertheit
- Aggressivität
- Schlechte Laune
- Ungehobeltes Benehmen
- Hochmut

Überdruß

Eines der hervorstechendsten Gefühle, dass sich Ihrer bemächtigen könnte, ist das einer momentan empfundenen Heimatlosigkeit. Es besteht tatsächlich die Tendenz, dass sich die familiäre Situation, so wie sie ist, drastisch verändert. Dieses Verlassenheitsgefühl kann daher rühren, dass die Person, mit der Sie eine Beziehung führen, aus welchen Gründen auch immer physisch allzu oft abwesend ist. Vielleicht hat dieser Mensch Angst vor bindenden Verpflichtungen. Sie ahnen vielleicht, dass Turbulenzen auf Sie zukommen, die das heimische Gefüge auseinander brechen lassen. Eventuell sind Sie sogar die Person, die sich den Anforderungen einer Familie oder Partnerschaft nicht mehr stellen will und das Bestreben hat, zu entweichen. Wenn dem so ist, werden Sie mit Sicherheit die geeigneten Mittel und Wege finden, das zu bewerkstelligen. Das muss natürlich nicht gleich bedeuten, dass Sie auf Nimmerwiedersehen verschwinden. Es kann völlig ausreichen, dass wenigstens zeitweise die Möglichkeit zur Flucht besteht. Danach haben Sie wieder genug Power, um den gewohnten Tagesablauf durchstehen zu können. Erdrückt Sie die Situation jedoch zu sehr, könnte es sogar etwas länger dauern, bis Sie den Weg zurück an den heimischen Herd wieder finden. Wenn überhaupt. Falls sich Ihnen während der Flucht ein Liebesabenteuer bieten sollte, so betrachten Sie dieses am besten als Übergangslösung. Das werden Sie mit großer Wahrscheinlichkeit sowieso tun, da es Ihnen jetzt viel mehr am Herzen liegen könnte, die Mannigfaltigkeit Ihrer Möglichkeiten auszukosten. Dazu kann es nur kommen, wenn der Anker gelichtet ist. Solange noch die Disposition zu Unabhängigkeit besteht, sollten Sie sich nicht übergangslos in eine neue Gefangenschaft begeben.

Stichworte zu Uranus Trigon Venus

Uranus
Trigon
Venus

+ Glück	- Kurzweil
+ Frohsinn	- Genusssucht
+ Aufregende Beziehungen	- Oberflächlichkeit
+ Amüsement	- Trägheit
+ Humor	- Fishing for compliments
+ Spontaneität	- Ansprüche
+ Positiv	- Extrovertiertheit
+ Individualität	- Initiativlosigkeit
+ Zuversicht	- Unabhängigkeitsstreben
+ Überraschung	- Antriebsschwäche

Unabhängigkeit

Die Stunde ist günstig, Ihr Bedürfnis nach Unabhängigkeit und den Wunsch nach Verbindung auf einen gemeinsamen Nenner bringen zu können. Wir befürchten oft, dass der andere uns nicht mehr lieben könnte, wenn wir das machen, was wir gern wollen. Diese Befürchtung ist sogar berechtigt. Wir betrachten uns gern als Einheit mit unserem Partner, und unternehmen selten Schritte, ohne uns vorher die Genehmigung dafür einzuholen. Wir begehen unsere Handlungen nicht danach, ob wir es so möchten, sondern danach, ob der Partner es auch so will. Wenn wir keine Zustimmung erhalten, unterlassen wir die geplante Aktion. Das führt im Endeffekt dazu, dass wir unsere Eigenständigkeit aufgeben, zugunsten einer scheinbar intakten Beziehung. Es kann aber nicht sein, dass eine Beziehung nur dann gut sein soll, wenn man sich voll und ganz auf den anderen einstellt und seine Individualität dafür einbüßt. Wirkliche Liebe entsteht nur da, wo sich zwei Menschen in Ihrer Einzigartigkeit akzeptieren können und dem anderen die Freiheit zum eigenständigen Handeln gewährt wird. Verlieren Sie die Angst vor dem Verlust, aufgrund Ihres selbständigen Handelns. Wer Sie nur liebt, weil Sie sich entsprechend einer Projektion auf Sie verhalten, der hat nicht verstanden, was es heißt eine erwachsene Beziehung zu leben. Machen Sie sich bewusst, dass Wachstum innerhalb einer Partnerschaft nur da möglich ist, wo dem Individuum ausreichend Raum zugestanden wird, um seine Persönlichkeit voll entfalten zu können. Räumliche, sowie geistige Ausweitung ist für jeden Beteiligten einer Partnerschaft absolut lebensnotwendig. Trotzdem gibt es genug, die das gar nicht vermissen und dennoch unzufrieden sind, weil nicht realisiert wird, dass dort die Lösung liegen könnte. Die Einschränkung eines Individuums lässt auf die Dauer keine positive Verbindung zu. Dennoch halten viele an diesem Schema fest, obwohl sie ahnen, dass es falsch sein muss.

Stichworte zu Uranus Trigon Mond

Uranus
Trigon
Mond

+ Interesse
+ Charakterstärke
+ Harmonie
+ Konfliktfreiheit
+ Originalität
+ Erfindungsreichtum
+ Aktivität
+ Außergewöhnlichkeit
+ Entschlusskraft
+ Wahrheitsliebe
+ Wissensdurst

+ Freiheitsliebe
+ Bewusstseinserweiterung
+ Das Außergewöhnliche
+ Wandlungsfähigkeit
+ Lebendigkeit
+ Individualität

- Unvorhersagbarkeit
- Unsicherheitsfaktoren
- Unbeständigkeit

Wandelbar

Zurzeit könnten Sie mit längst abgehakten Erlebnissen aus der Vergangenheit in Berührung kommen. Ihr Gefühlsleben gerät ein wenig ins Ungleichgewicht bezüglich der Richtigkeit Ihres jetzigen Seinszustands. Wenn ein nahe stehender Mensch Ihnen zu verstehen gibt, dass einige Ihrer Angewohnheiten und Verhaltensweisen einer Revision bedürfen, so nehmen Sie diese Hinweise dankend an. Geben Sie nicht gleich Ihrem ersten Impuls nach, denjenigen als unverschämt abzustempeln, sondern gehen Sie in sich und versuchen Sie objektiv sich selbst einen Spiegel vorzuhalten und sich in diesem zu betrachten. Dass das nicht immer einfach ist, liegt klar auf der Hand. Rennen Sie aber nicht einfach davor weg. Manchmal ist der Zeitpunkt gekommen, die eigene Persönlichkeit zu durchleuchten. Verschiedene Reaktionsmuster passen einfach nicht mehr zum derzeitigen Lebensabschnitt. Wir entwachsen sozusagen den Eindrücken, die wir aus früheren Zeiten mitgebracht haben. Wir sind nicht mehr die Kinder von damals, und unsere neuen Bezugspersonen müssen nicht alle unsere kindlichen Verhaltensweisen akzeptieren. Die Zeit, in der wir bedingungslos geliebt wurden, ist Vergangenheit. Jetzt müssen wir für Sympathie und Liebe hart arbeiten. Wenn Sie andauernd wie ein Fuhrknecht schimpfen oder ständig sarkastische Bemerkungen machen, wird sich Ihre Anhängerschar wohl kaum vergrößern. Es sei denn, dass der Großteil Ihrer Freunde aus sarkastischen Fuhrknechten besteht. Wenn Ihnen daran gelegen ist, Ihr Leben positiv zu wandeln, so tun Sie es jetzt. Wenn Sie mit Ihren Beziehungen unzufrieden sind, sollten Sie überprüfen, wie Sie bis jetzt über Beziehungen gedacht haben. Wenn die Erfahrungen, die Sie mit der Liebe gemacht haben nicht befriedigend für Sie waren, dann sollten Sie sich klar machen, dass die Art und Weise, wie Sie etwas erleben, damit zusammenhängt, wie Sie darüber denken. Sie gestalten Ihre Welt und Ihr Umfeld mit Ihren eigenen Gedanken.

Stichworte zu Neptun Konjunktion Venus

Neptun
Konjunktion
Venus

+ Phantasie	- Verträumtheit
+ Romantik	- Enttäuschung
+ Anziehungskraft	- Idealisierung
+ Illusionen	- Gutgläubigkeit
+ Feinfühligkeit	- Übervorteilung
+ Sensibilität	- Rosarote Brille
+ Ästhetik	- Unzuverlässigkeit
+ Gelassenheit	- Realitätsferne
+ Inspiration	- Umständlichkeit
+ Edelmut	- Abgrenzungsschwierigkeit

Schöner Schein

Um dem erdrückenden Gefühl der Einsamkeit zu entfliehen, könnten Sie jetzt jemanden suchen, der Sie aus dieser Situation erretten soll. Es ist jedoch keine gute Ausgangsbasis, eine Beziehung auf der Grundlage zu beginnen, dass man des Alleinseins überdrüssig ist. Daraus entstehen eine Menge Beziehungen, die auf einer gegenseitigen Abhängigkeit anstatt auf Freiwilligkeit basieren. Im Moment sind Sie dafür prädestiniert, einer Person zu begegnen, von der Sie glauben, dass diese vom Himmel geschickt wurde und dazu berufen ist, Sie aus Ihrer inneren Isolation zu befreien. Wenn Sie sich darauf einlassen, kann es sogar für eine bestimmte Zeit sehr schön werden und Sie glauben lassen, dass es für immer ist. Durch ein Ungleichgewicht in den Bedürfnissen, kann sich einer von beiden eingeengt fühlen. Das ist der Grund, warum sich eine Beziehung, die völlig euphorisch begann, nach einiger Zeit wieder auflöst. Die Umkehrung des Prinzips wäre, dass man aus oben genannten Gründen einen Mensch anzieht, der selbst einen Retter sucht. Dadurch könnten Sie in die Lage geraten, einem instabilen Charakter Halt geben zu müssen. Das kann sich in Form eines Alkoholabhängigen oder einer undurchsichtigen Gestalt manifestieren, die durch die Beziehung mit Ihnen das eigene Image aufpolieren möchte. Der sinnvolle Umgang mit der Qualität dieser Zeit besteht darin zu lernen, seine Zeit sinnvoll auszunutzen, damit ein Gefühl von Leere gar nicht erst aufkommt. Je mehr Sie Energie darauf verwenden, Ihren Geist zu erweitern, desto weniger ziehen Sie Partner an, die Sie enttäuschen können. Vergessen Sie ganz einfach, was Ihnen die Hollywood-Liebesschnulzen vorgegaukelt haben. Die hören sowieso immer an der Stelle auf, wo der Alltag beginnt. Realisieren Sie endlich, dass das Leben mit einem anderen Menschen immer nur zu Beginn eine Romanze ist. Um die Realität zufrieden stellend gestalten zu können, bedarf es einer gewissen inneren Reife der Beteiligten.

Stichworte zu Neptun Konjunktion Mond

Neptun
Konjunktion
Mond

+ Beeindruckbarkeit	- Abhängigkeit
+ Anteilnahme	- Flucht
+ Hilfsbereitschaft	- Realitätsferne
+ Romantik	- Erwartungshaltung
+ Aufmerksamkeit	- Träumerei
+ Verständnis	- Trägheit
+ Einfallsreichtum	- Beeinflussbarkeit
+ Wohltätigkeit	- Zwiegespaltenheit
+ Empathie	- Enttäuschung
+ Herzlichkeit	- Gleichgültigkeit

Illusionen

Ihre Phantasie kennt keine Grenzen. Sie sind konfrontiert mit Ihrem Unbewussten und im positiven Fall sind Sie im Stande, richtige Schlüsse daraus zu ziehen. Hören Sie auf Ihre innere Stimme. Ihre Gefühle sind auf Romantik eingestellt und können jetzt auf jemanden projiziert werden, der dies im Endeffekt nicht verdient hat. Da aber Ihre Gedankenwelt ziemlich verschwommen ist und die Emotionen große Verwirrung im Kopf stiften, ist diese Zeit von einer massiven Unlogik geprägt. Denken Sie lieber zweimal nach, bevor Sie einen Schritt tun. Verinnerlichen Sie den Satz: Im Zweifelsfalle nie. Wenn Sie zu den Menschen gehören, die viel mit dem Verstand zu regeln pflegen, so kann das sehr irritierend auf Sie wirken. Bei sinnvoller Anwendung werden sich Ihre teils absurden Handlungen im Rahmen des Erträglichen halten lassen. Wenn Sie sich in jemanden verlieben sollten, dann seien Sie sehr realistisch und prüfen Sie genau, auf wen Sie sich einlassen. Sie könnten jetzt leer ausgehen und nur zu einem Bruchteil das erhalten, was Sie sich erhoffen. Fragen Sie sich, ob das, was Sie vor sich sehen einen Bezug zur Wirklichkeit hat. Es kann sein, dass das, worauf Sie im Augenblick bauen, auf Treibsand steht und Sie aus einem schönen Traum unsanft wieder geweckt werden. Geben Sie Acht, dass Sie nicht ins Irreale abgleiten und früher oder später einer Selbsttäuschung unterliegen. Der Drang, vor den Tatsachen zu fliehen und in die Grenzenlosigkeit der Phantasien abzudriften ist sehr mächtig und wird mit Sicherheit auch seine wunderschönen Seiten haben. Wenn Sie sich für diesen Weg entscheiden, ist es von Vorteil, einen hohen Prozentsatz der phantastischen Ideen auf eine kreative Art und Weise zu sublimieren. Im Endeffekt haben Sie davon sicher mehr als dieses Potential wegen eines für Sie ungeeigneten Menschen zu verpulvern. Haben Sie noch keinen Malkasten? Dann kaufen Sie sich einen. Am besten den mit vierundzwanzig Farben.

Stichworte zu Neptun Konjunktion Merkur

Neptun
Konjunktion
Merkur

+ Geheimnis
+ Aufgeschlossenheit
+ Intuition
+ Feinsinnigkeit
+ Experimentierfreude
+ Idealismus
+ Empfindsamkeit
+ Vorahnung
+ Romanzen
+ Ideenfülle

- Selbstverleugnung
- Verschwiegenheit
- Ausweichverhalten
- Geheimniskrämer
- Täuschung
- Beeinflussbarkeit
- Realitätsflucht
- Unaufrichtigkeit
- Illusionist
- Betrug

Zitronenhandel

Haben Sie sich gerade an der Haustür einen "echten" Perserteppich aufschwatzen lassen oder entpuppte sich das neue Auto als absoluter Fehlkauf? Sie versuchen Ihr Leben zu strukturieren und alles, was Sie anfassen, endet in einer Sackgasse? Da heißt es flexibel bleiben und sich dem Strom dieser Zeit hingeben. Wer ausschließlich auf seine Willensstärke baut, der wird hier nicht weit kommen. Ihr Verstand ist zurzeit schwer justierbar. Es fällt Ihnen schwerer als sonst, logisch zu schlussfolgern. Wenn Sie ein sehr geradliniger Charakter sind, werden Ihnen diese neuen Erfahrungen besonders ungewohnt erscheinen. Sie denken, Sie bekommen Orangen und was Sie wirklich erhalten, sind Zitronen. Wenn Sie schlau sind, machen Sie Limonade daraus. Auch Ihre Gabe, die Worte Ihrer Mitmenschen richtig zu deuten, kann stark in Mitleidenschaft gezogen sein. Zwischen Wahrheit und Lüge zu unterscheiden, ist ein schwieriges Unterfangen und Sie sind deshalb prädestiniert, einem Lügenbold auf den Leim zu gehen. Seien Sie also sehr wachsam, wenn es darum geht, Verträge zu unterschreiben. Sonst könnte es passieren, dass Sie demnächst drei Waschmaschinen im Keller stehen haben. Wenn Sie sich schon nicht auf Ihren Verstand verlassen können, so hören Sie wenigstens auf Ihre Innere Stimme und vertrauen Sie Ihrer Intuition, denn diese müsste eigentlich noch sehr gut funktionieren. Intuition hat nichts mit Verstand zu tun und wenn Sie schon nicht auf diesen zählen können, vertrauen Sie Ihren Eingebungen. Vertrauen Sie jedoch auch darauf, dass nichts so ablaufen wird, wie es ursprünglich gedacht war. Falls Sie vorhaben sollten, mit Ihrem Liebsten zu verreisen, sollten Sie sich vorher vergewissern, dass alle Wasserrohre intakt sind. Ansonsten könnte Ihnen der Keller voll Wasser laufen. Aber wer weiß schon, bevor es geschieht, wo ein Rohr die Absicht hat zu brechen.

Stichworte zu Neptun Konjunktion Mars

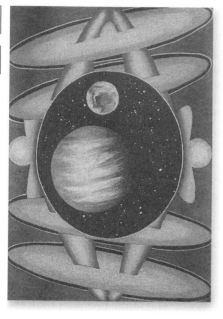

Neptun
Konjunktion
Mars

+ Genuss
+ Intuitives Handeln
+ Charisma
+ Einbildungskraft
+ Romantik
+ Anziehungskraft
+ Leichtigkeit
+ Vorahnungen
+ Sensibilität
+ Sinnenfreude

- Impulsivität
- Geltungsbedürfnis
- Unerfüllte Liebe
- Ignoranz
- Enttäuschung
- Unstrukturiertheit
- Minderwertigkeit
- Heimlichkeiten
- Maskerade
- Verblendung

Schwäche

Für einen Neubeginn scheint im Moment nicht der richtige Zeitpunkt zu sein. Die Kraftreserven sind erschöpft und Sie sollten sich nicht mit schwierigen, unerreichbaren Aufgaben belasten, sondern sich eher mit den angenehmen Dingen des Lebens die Zeit verschönern. Alles, was mit dem sturen Durchziehen von bestimmten Zielen zu tun hat, die aber nicht wirklich von Ihnen gewollt werden, ist zurzeit nicht ratsam. Wenn Ihnen der Kraftaufwand zu hoch erscheint, dann lassen Sie lieber die Finger davon. Sie können jetzt nichts erzwingen und aus dem Boden stampfen. Der Geist produziert zwar eine Menge Bilder und Ihre Einbildungskraft ist wohl die expansivste von allen zur Verfügung stehenden Ressourcen, jedoch lässt die Losgelöstheit Ihres Geistes keine greifbaren Ideen aufkommen. Da Ihr Realitätssinn ein wenig abhanden gekommen und Ihr Gemüt gereizt und launisch ist, könnten Sie sich sogar zu einer unehrenhaften Handlung hinreißen lassen. Freunde und Bekannte haben es nicht sonderlich schwer, Ihnen undurchsichtige unlautere Vorschläge sehr glaubhaft unterzujubeln. Eine ausgewogene Kritikfähigkeit wäre jetzt von unschätzbarem Wert und könnte Ihnen zahlreiche Unannehmlichkeiten ersparen. Wer unerbittlich versucht, eine bestimmte Unternehmung zum Erfolg zu zwingen, erlebt mit Sicherheit eine Niederlage. Den Menschen, die Ihnen begegnen, nicht nur in die Augen, sondern auch ein Stück dahinter zu schauen, ist eine Kunst, die es jetzt zu erlernen gilt. Ansonsten werden Sie getäuscht. Ihre sexuelle Leistungsfähigkeit dürfte momentan keine olympischen Höhen erreichen. Die Tendenz ist hoch, mit einer Person in Berührung zu kommen, die nicht ganz die Wahrheit über sich sagt und sich in einem falschen Licht präsentiert. Es wird Ihre Aufgabe sein, dies im Vorfeld zu erkennen und die nötigen Konsequenzen daraus zu ziehen.

Stichworte zu Neptun Quadrat Venus

Neptun
Quadrat
Venus

+ Sensibilität
+ Leidenschaftlichkeit
+ Freigiebige Gefühle
+ Idealismus
+ Empfindsamkeit
+ Ästhetik
+ Gutgläubigkeit
+ Feinsinnigkeit
+ Visionen
+ Bescheidenheit

- Trägheit
- Verschlossenheit
- Ratlosigkeit
- Emotionales Chaos
- Fremdgehen
- Labilität
- Unbewusste Ängste
- Skandalöse Beziehungen
- Unehrlichkeit
- Ausschweifungen

Konfrontation

Wenn wir uns entlieben, glauben wir zu erkennen, dass der andere nicht mehr zu uns passt, wie der falsch gelegte Stein in einem Puzzlespiel. Auch glauben wir nicht, dass wir es noch einmal fertig bringen, die Puzzlesteine zu einem harmonischen Bild zusammenfügen zu können. Wir starten einige Versuche, ein nicht passendes Stück als passend zu betrachten und für einige Zeit gelingt vielleicht sogar die Selbsttäuschung, dass es tatsächlich harmonisch wirkt. Wenn wir aber ehrlich zu uns sein wollen, geht das nur eine gewisse Zeit gut und der innere Drang nach Wahrhaftigkeit lässt nicht zu, sich mit der Pfuscherei zufrieden zu geben. Wenn Sie eine bestehende Beziehung, die sich aufzulösen scheint, retten wollen, so bedarf es hier eines hohen Einsatzes. Im günstigsten Fall kann es sogar gelingen. Der Weg dorthin wird allerdings steinig sein. Nur wenn Sie es wirklich wollen, kann das Ziel, die Partnerschaft zu erhalten, erreicht werden. Selbst wenn Sie beide eine echte Liebe verbindet, wird es schwierig sein, eine befriedigende Basis zu schaffen. Im Laufe der Zeit können gegenseitige Verletzungen dazu geführt haben, dass das Vertrauen in die eigene Kraft, die dazu nötig ist, dem Gefüge Halt zu geben, verloren gegangen ist. Sie mögen jetzt dazu neigen, sich außerhalb der Beziehung ein Idealbild zu suchen, um der anstehenden Konfrontation auszuweichen. Erhoffen Sie sich nicht allzu viel davon. Ihr Auftrag lautet, den Tatsachen ungeschminkt ins Gesicht zu schauen. Wer jetzt einfach die Rollläden herunterlässt und sich nicht der Wahrheit stellen will, wird sich irgendwann beim nächsten Objekt vor den gleichen Problemen wieder finden. Wenn Sie diese Phase durchstanden haben, werden Sie umso reicher sein. Wenn die Ernüchterung jedoch zu groß ist, sollten Sie sich zugestehen, für einige Zeit getrennte Wege zu gehen. Dadurch könnten Sie zu der Einsicht kommen, dass die Freiheit vorerst erlösend ist oder aber enttäuschend.

Stichworte zu Neptun Quadrat Mond

Neptun
Quadrat
Mond

+ Tagträumerei
+ Intuition
+ Gefühlsstürme
+ Gutgläubigkeit
+ Einfühlungsvermögen
+ Unvoreingenommenheit
+ Sinnsuche
+ Kreativität
+ Leichtlebigkeit
+ Unterstützung

- Unordnung
- Missverständnisse
- Schmarotzertum
- Leichtsinn
- Größenwahn
- Chaos
- Verwirrung
- Phantastereien
- Realitätsflucht
- Übervorteilung

Geborgenheit

Sie könnten in dieser Zeit eine Angst verspüren, die es verhindert, auf den eventuell vorhandenen Partner offen zuzugehen. Sie fühlen sich womöglich etwas verunsichert bezüglich Ihrer seelischen Verfassung. Wenn Sie allein leben, so kann dieses Gefühl die Anziehung eines neuen Partners beeinflussen. Falls Sie jetzt mit dem Gefühl mangelnder Geborgenheit zu kämpfen haben, so sollten Sie sich in erster Linie darum kümmern, dass Sie dieses Manko aus eigener Kraft versuchen auszugleichen. Geben Sie sich selbst die Nahrung, die Sie gerade benötigen, um eins mit sich zu werden. Finden Sie heraus, wo die Reserven erschöpft sind und bemühen Sie sich wirklich, Ihrer Seele ein gutes Fundament zu schaffen. Werfen Sie die Hoffnung über Bord, dass das jemand anders für Sie tun könnte. Wenn man mit sich nicht im Einklang ist, zieht man zwangsläufig jemanden an, der einem über kurz oder lang einen Spiegel vorhalten wird, in welchem ein verzerrtes Bild seiner selbst gezeigt wird, inklusive aller Unzulänglichkeiten und Ängste. Wenn es Ihnen genügt, nur einen schönen Traum gehabt zu haben, der gänzlich unrealistisch, aber von großer Faszination war, dann gehen Sie los und suchen Sie ihn in der nächsten Bar. Mit Sicherheit wird es jedoch anders laufen, als geplant. Sie ziehen immer das an, was Sie ausstrahlen. Die Umkehrung der Konstellation ist natürlich auch möglich, nämlich dass Sie die Person sind, die nicht ganz aufrichtig mit Ihren Gefühlen umgeht. Versprechen Sie mehr, als Sie halten können? Durch den emotionalen Zwiespalt in Ihrem Leben, könnten Sie unentschlossen, chaotisch und so wechselhaft wie das Wetter erscheinen. Ihre Fähigkeit, emotionale Sicherheit zu geben, ist womöglich nur eingeschränkt vorhanden. Die geeignete Variante, sein emotionales Geflecht zu durchdringen, ist, einen Zugang zu seinen verschütteten Ängsten zu bekommen, die in einsamen Stunden an die Oberfläche steigen können.

Stichworte zu Neptun Trigon Venus

Neptun
Trigon
Venus

+ Romantik	- Unbeholfenheit
+ Ästhetik	- Dogmatismus
+ Feinsinnigkeit	- Ungenutzte Talente
+ Mitgefühl	- Undurchsichtigkeit
+ Verständnis	- Überidealisierung
+ Schöngeistigkeit	- Platonische Liebe
+ Genialität	- Alltagsflucht
+ Ungewöhnlichkeit	- Eigentümlichkeit
+ Kultiviertheit	- Trägheit
+ Vertrauen	- Falsche Bescheidenheit

Träume

Der Moment, in dem wir feststellen, dass eine dauerhafte Verschmelzung mit dem Geliebten nicht möglich ist, kann sehr frustrierend sein. Wir merken unweigerlich, dass wir immer noch zwei getrennte Wesen sind. An diesem Punkt, wo wir den anderen mit klaren Augen sehen können, kann aus der abnehmenden Verliebtheit die echte Liebe entstehen. Wenn wir den anderen so lieben können, wie er in Wahrheit ist, mit all seinen Ungereimtheiten und ihn noch dazu als eigenständiges Wesen zu akzeptieren in der Lage sind, haben wir die Chance, auf eine dauerhafte Verbindung. Etliche Beziehungen gehen an dem Punkt zu Ende, wo gewiss wird, dass die rauschende Ballnacht vorbei ist. Aber wenn der Morgen graut, und das gleißende Sonnenlicht den Weichzeichner ablöst, ist der Zeitpunkt gekommen, zu entscheiden, ob wir mit der Wahrheit leben wollen oder lieber auf die nächste Ballnacht warten, wo das ganze Spektakel von vorn beginnt. Falls man sich entschließt, der Wirklichkeit eine Chance zu geben, so sei man sich bewusst, dass es durchaus möglich ist, die Vision von dauerhafter Liebe zu realisieren. Das wird jedoch nur dort umsetzbar sein, wo erkannt wird, dass man sich die Liebe erarbeiten muss. Wer sich einfach bloß hinsetzt und darauf wartet, dass es den ganzen Tag rote Rosen regnet, wird mit großer Wahrscheinlichkeit vergeblich warten. Eine liebevolle Beziehung zu schaffen, ist ein schöpferischer Akt, der beinhaltet, dass die beiden Protagonisten in immerwährender Kunstfertigkeit am Bild Ihrer Beziehung malen. Besteht nicht auf beiden Seiten das Verständnis für die Unerlässlichkeit von Disziplin beim Kreieren der Zweisamkeit, ist einer von beiden schnell enttäuscht. Oder beide. So wie die Erde in einem Garten gedüngt und gepflegt werden muss, damit die Saat aufgehen kann, so verhält es sich auch mit unseren Liebesbeziehungen. Wer nur ein oder zweimal gießt, wenn gerade eine Dürreperiode herrscht, der wird nicht sehr viel Nährendes ernten können.

Stichworte zu Neptun Trigon Mond

Neptun
Trigon
Mond

+ Schöngeist
+ Anteilnahme
+ Verantwortungsbewusstsein
+ Einfallsreichtum
+ Ästhetik
+ Originalität
+ Förderung
+ Vielseitigkeit
+ Begabung
+ Intuition

- Bequemlichkeit
- Apathie
- Luftschlösser
- Realitätsferne
- Spinnerei
- Antriebslosigkeit
- Prophetentum
- Traumwelt
- Hypersensibilität
- Ungebundenheit

Einmischung

Machen Sie sich Ihre Intuition zunutze, um zu erkennen, wie weit Sie sich in die Belange Ihrer Mitmenschen einmischen dürfen. Zügeln Sie ein wenig Ihre Neigung, alles besser wissen zu wollen. Ein gewisses Maß an Einmischung und Interesse am Leben anderer wird sicher honoriert. Allerdings kommt es hier darauf an, wie massiv man in das Leben der Personen eingreift. Wenn Sie das Gefühl haben, jemanden belehren zu müssen, so sollten Sie sich vergewissern, ob dieser überhaupt Ihre Teilnahme will. In unserer unendlichen Güte gehen wir oftmals davon aus, dass wir die Pflicht haben, allen um uns herum ständig gut zuzureden. Meist lenken wir dadurch nur von uns selbst ab und versäumen vor unserer eigenen Haustür zu kehren. Das wird gern praktiziert, um von den eigenen Unzulänglichkeiten abzulenken. Wenn Sie also gerade zum Propheten avancieren, sollten Sie lieber ein paar psychologische oder esoterische Seminare besuchen. Sie würden Ihrer Spiritualität und gleich gesinnten Menschen näher kommen. Sie könnten jemandem begegnen, der Ihr Interesse weckt und mit dem Sie Ihre Einsichten teilen können. Diese Person kann Ihnen dabei behilflich sein, dass Sie sich selbst erkennen. Wenn Sie in einer Beziehung leben, so sollten Sie die Gelegenheit nutzen, etwas für Ihren Geist zu tun. Ihre momentan positive Grundeinstellung kann dazu beitragen, dass Sie neue Erkenntnisse fürs Leben gewinnen. Überwinden Sie Ihre Bequemlichkeit und machen Sie sich auf die Suche nach Inspiration. Ob diese nun in Menschengestalt auf Sie zukommt, oder in Form von neuen Denkstrukturen und Fertigkeiten, bleibt dem von Ihnen gewählten Interessenfeld überlassen. Wichtig ist nur, dass Sie nicht in Selbstgefälligkeit versinken. Neben unseren Bemühungen, durch Liebesbeziehungen zu einer Erweiterung des Herzens zu gelangen, sollte nicht versäumt werden, auch den Geist zu erweitern. Denn die Qualität der geistigen Einstellung bedingt die Qualität der Liebe.

Stichworte zu Pluto Konjunktion Venus

Pluto
Konjunktion
Venus

+ Willenskraft
+ Intensität
+ Erlösung
+ Große Gefühle
+ Regenerationsfähigkeit
+ Opferbereitschaft
+ Leidenschaft
+ Liebessucht
+ Verführungskunst
+ Anziehungskraft

- Dramatik
- Promiskuität
- Liebesbeweise
- Absolutheitsanspruch
- Sexuelle Bestätigung
- Druck
- Besitzansprüche
- Kompromisslosigkeit
- Verderblichkeit
- Zügellosigkeit

Obsession

Falls Sie gerade im Begriff sein sollten, eine neue Beziehung einzugehen und dieses Buch zur Hand nehmen, um zu fragen, wie es denn werden wird, kann ich Sie beruhigen. Das wird alles andere als langweilig. Sie werden sich vorkommen wie in einem Spaceshuttle der Begierden und Emotionen. Wenn Sie es jetzt schaffen, cool zu bleiben, kann Ihnen wirklich keiner helfen. Dann kaufen Sie sich am besten eine Eigentums-Kemenate im Kloster. Hat es Sie allerdings voll erwischt, dann schnallen Sie sich an. Das wird wahrscheinlich der heißeste Ritt Ihres Lebens. Sie können jetzt alles erleben, wovon Sie bei Hedwig Courths-Mahler immer nur geträumt haben. Ihnen sind Türen und Tore geöffnet für Lust und Leidenschaft, Besitzgier, Eifersucht und Wahnsinn. Ein berauschender Cocktail der gesamten Gefühlspalette. Das Schlimme daran ist, dass es nicht notwendigerweise positiv für Sie ausgehen muss. Wenn sich Ihr Verstand zum Zeitpunkt der Partnerfindung einige Handbreit unterhalb seines angestammten Platzes aufhielt und alle Schutzmechanismen deaktiviert waren, dann wünsche ich Ihnen ein sanftes Erwachen. So hart muss es aber nicht kommen. Auch wenn sich alles sehr intensiv gestaltet, kann es durchaus vorkommen, dass etwas Gutes daraus erwächst. Etwas, das alles durchdringt und sehr beeindruckend ist und alles bisher Dagewesene in den Schatten stellt. Es kommt einzig und allein auf die beiden Komponenten an und ob sie im Endeffekt auch das gleiche wollen und dazu in der Lage sind etwas Dauerhaftes aufzubauen. Leben Sie schon in einer Art Partnerschaft, die unbefriedigend für Sie geworden ist, wird der Drang nach Intensität in zwischenmenschlichen Belangen diese, unter Umständen auseinanderdriften lassen. Der Erlebnishunger und die Gier nach Verschmelzung sind zu stark, um ein auf Grund gelaufenes Boot wieder manövrierfähig machen zu können.

Stichworte zu Pluto Konjunktion Mond

Pluto
Konjunktion
Mond

+ Erneuerung
+ Perfektionismus
+ Tiefe Gefühle
+ Einflussnahme
+ Intensität
+ Sehnsucht
+ Erregbarkeit
+ Genialität
+ Idealismus
+ Sexuelle Energie

- Zerstörung
- Triebhaftigkeit
- Egoismus
- Eifersucht
- Eigensinnigkeit
- Unverzeihlichkeit
- Despotisches Verhalten
- Hohe Ansprüche
- Kaltherzigkeit
- Dominanzgehabe

Abgründe

Ihr Gefühlsleben erfährt zurzeit einen Höhenflug und das auf allen denkbaren Ebenen. Dass bei Ihnen nichts passiert, ist sehr unwahrscheinlich. Jetzt trennt sich die Spreu vom Weizen. Beziehungen aller Art, besonders die zu weiblichen Wesen, werden auf die Probe gestellt. Die weiblichen Unruhestifter können in Gestalt einer Nebenbuhlerin auftreten, die versucht, sich in eine bestehende Beziehung einzuschleichen. Das bedeutet Kampf oder Kapitulation. Ihr Partner könnte versuchen, Sie zu beeinflussen und Sie zu etwas zu zwingen, was Sie gar nicht wollen. Er könnte zum Beispiel auf die Idee kommen, dass es für ihn sehr angenehm wäre, eine Dreiecksbeziehung zu leben. Wenn Sie sich für diesen Gedanken erwärmen können, dann nur zu. In der Regel erwächst daraus jedoch nichts Gutes, da es hier nur um das Besitzen geht und nicht um Liebe. Trotzdem werden Sie es nicht vermeiden können, dass sich Ihre Beziehung wandelt. Es werden Emotionen zu Tage treten, die Ihnen das Miteinander schwer machen können. Stellen Sie sich seelisch, geistig und körperlich darauf ein, dass einige Machtkämpfe auf Sie warten. Einer wird dabei mit großer Wahrscheinlichkeit den Kürzeren ziehen, was so viel bedeutet, dass eine Verbindung ihr Ende finden kann. Wenn Sie allerdings die Muße haben, diese Phase auszusitzen, bis der reumütige Kater wieder nach Hause findet, so ist das Ihre Entscheidung mit der Situation klarzukommen. Stehen Sie gerade im Begriff eine neue Beziehung zu beginnen, dann werden Sie mit allen Untiefen und stürmischen Höhen Ihrer Leidenschaft in Kontakt treten. Sie könnten im wahrsten Sinne des Wortes besessen sein von Ihrem Liebesobjekt und auf ein erotisches Abenteuer erster Klasse zusteuern. Der nicht so positive Nebeneffekt ist der, dass Sie in ein sexuelles Abhängigkeitsverhältnis geraten können, mit der Folge, dass Sie sich von Ihren Emotionen und Trieben leiten lassen und nicht mehr erkennen können, ob das Ganze überhaupt gut für Sie ist.

Stichworte zu Pluto Konjunktion Merkur

Pluto
Konjunktion
Merkur

+ Entschlusskraft	- Hochmütigkeit
+ Überzeugungskraft	- Unehrlichkeit
+ Scharfer Verstand	- Pharisäer
+ Willenskraft	- Extremismus
+ Voreingenommenheit	- Rache
+ Einfallsreichtum	- Dramatik
+ Tiefgründigkeit	- Hohe Ansprüche
+ Ausdauer	- Verachtung
+ Zielgerichtetheit	- Kampflust
+ Schnelligkeit	- Eitelkeit

Fanatismus

Kennen Sie das, dass Sie von einer bestimmten Idee ganz besessen sind und alle Ihnen Nahestehenden davon überzeugen wollen? Besonders innerhalb einer bestehenden Beziehung kann dies zu Reibereien und Streit führen. Sie sind felsenfest davon überzeugt, dass Ihre Meinung oder Ihr Interesse an einer Sache das einzig Wahre ist und Sie verspüren die Notwendigkeit es dem anderen so zu vermitteln, dass er mit Ihnen völlig konform geht. Gelingt das nicht und Sie stoßen auf Widerstand, so weckt das Ihren Unmut und das Gleichgewicht innerhalb der Partnerschaft ist gefährdet. Hier geht es darum, nicht die eigene Sichtweise gelten zu lassen, sondern auch die Sichtweise des anderen. Jedes Ding auf dieser Welt hat so viele Betrachtungswinkel wie es Menschen gibt. Und jeder Blickpunkt hat seine Berechtigung. Man wird es wohl nie schaffen, einen Blickwinkel mit einer anderen Person voll und ganz zu teilen, man kann sich nur annähern. Von daher ist es also ziemlich aussichtslos und egozentrisch, zu glauben, dass eine Missionierung des Partners gelingen könnte. Im besten Fall kann er sich uns in bestimmten Teilen angleichen, wenn er dazu bereit ist. Setzen Sie nicht Ihre Beziehung aufs Spiel, nur weil der andere eine eigenständige Meinung und Vorlieben hat, die mit den Ihren nicht zu harmonieren scheinen. Das macht doch gerade die Vielseitigkeit aus, die sich daraus ergibt, dass wir uns mit Menschen zusammenschließen und so unser eigenes Spektrum erweitern können. Der gegenteilige Fall ist der, dass Sie die Person sind, die das zu erleiden hat. Das jemand versucht, Sie zu etwas zu bekehren, was Sie eigentlich gar nicht wollen. Behalten Sie Ihren gesunden Menschenverstand und versuchen Sie Manipulationen aus dem Weg zu gehen. Andernfalls könnten Sie dem Fanatismus einer Person zum Opfer fallen. Falls Sie sich dem nicht entziehen können, sollten Sie nur so viel Lehre daraus ziehen, wie es Ihnen nützlich erscheint.

Stichworte zu Pluto Konjunktion Mars

Pluto
Konjunktion
Mars

+ Begehren
+ Regenerationsfähigkeit
+ Energie
+ Ausdauer
+ Erfolg
+ Aktionen
+ Sinnlichkeit
+ Leidenschaft
+ Willenskraft
+ Mut

- Destruktivität
- Obsession
- Streit
- Geltungsdrang
- Egoismus
- Gewalttätigkeit
- Kriminalität
- Aggression
- Begierde
- Eigensinn

Macht

Es gibt zwei Varianten, wie sich die Qualität dieser Zeit manifestieren könnte: Entweder sind Sie der Unbarmherzigkeit eines anderen Menschen ausgesetzt, oder Sie selbst verhalten sich rücksichtslos einem Ihnen nahe stehenden Menschen gegenüber. Welcher Aspekt auf Sie zutrifft, hängt von Ihrer Ausgangsposition ab. Wenn Sie sich auf einem radikalen Trip befinden und die Absicht haben, Ihr Leben zu verändern, sollten Sie darauf achten, dass es nicht auf Kosten anderer geschieht. Es besteht jedoch die Möglichkeit, dass Sie die Person sind, die den passiv erleidenden Part übernehmen muss und durch die Umwälzungsaktionen eines anderen Menschen in Mitleidenschaft gezogen wird. Das Kräftepotential kann vorteilhaft genutzt werden, wenn es in positive Angelegenheiten investiert wird. Zerstörerisch wirkt es sich aus, wenn es zu egoistischen Zwecken benutzt wird und in destruktiver Form auf den Partner gelenkt wird. Egoismus ist die momentane Barriere, die zwischen zwei Menschen stehen kann. Dominanzstreben prägt und beeinträchtigt Beziehungen. Diese Dominanz kann sich auch in einem exzessiven Sexualtrieb niederschlagen, den Sie entweder erleiden oder genießen dürfen. Je nachdem, wie Sie die Energie dieser Zeit zu handhaben gedenken. So extreme Auswirkungen wie Verletzung und Intrigen können außer Gefecht gesetzt werden, indem Sie sich bewusst von bestimmten Menschen distanzieren, die Ihre Integrität untergraben wollen. Wenn Ihnen das nicht gelingt, sollten Sie mit einem entsprechenden Maß an Diplomatie die Konflikte auf einem erträglichen Level halten. Sowohl als Erleidender dieser mächtigen Energieform, wie auch als Initiator, ist es auf jeden Fall von großem Vorteil, sich eine positive Grundhaltung zuzulegen, ansonsten könnte sich so manche Beziehung zu einem Duell entwickeln. Was in solch einem Fall geschieht wissen wir nur zu gut: dass mindestens einer am Schluss am Boden liegt.

Stichworte zu Pluto Quadrat Venus

Pluto
Quadrat
Venus

+ Erotik
+ Sicherheitsbestreben
+ Ekstase
+ Liebeskunst
+ Hingabe
+ Gönnertum
+ Verlangen
+ Sexualtrieb
+ Charisma
+ Anziehungskraft

- Berechnung
- Eifersucht
- Tragik
- Triebhaftigkeit
- Prostitution
- Heimlichkeiten
- Karmische Liebesbeziehungen
- Besitzdenken
- Unerfüllte Liebe
- Schicksalhafte Begegnungen

Transformation

Das könnte ein Wendepunkt in Ihrem Leben sein, der Veränderungen im Sinne von inneren Wandlungen mit sich bringt. Sie haben Verlustängste oder befürchten, dass Sie betrogen werden. Achtung, die Dinge, die wir befürchten oder erhoffen, werden auch eintreten. Im umgekehrten Fall sind Sie womöglich die Person, die sich aus einer Beziehung zurückziehen möchte. Sie mögen noch Zweifel daran haben, ob das der richtige Weg ist, allerdings ist nur dort Wachstum möglich, wo etwas anderes vergeht. Wir müssen einsehen, dass wir uns im Laufe unseres Lebens von vertrauten Gewohnheiten und Menschen verabschieden müssen, weil der Fluss des Lebens ansonsten nicht weiter fließen kann. Wenn wir versuchen, aus Angst vor Veränderung am Überlebten festzuhalten, werden wir oftmals durch Einwirkung von außen dazu gezwungen. Bevor wir es wagen den ersten Schritt zu tun, kommt uns der andere womöglich zuvor und präsentiert uns, dass er der großen Liebe begegnet ist. So etwas passiert nicht willkürlich, denn wenn sich auf einer Seite eine Unzufriedenheit breit macht, so geht das nicht unbemerkt an der Person vorüber, die uns am nächsten steht. Ist die Entscheidung einmal gefallen, gibt es meist kein Zurück mehr. Sollten Sie merken, dass Sie vorschnell gehandelt haben, ist es eventuell zu spät, um wieder zurück auf den vertrauten Karren zu springen. Wenn Sie es jetzt schaffen, Ihre Energie in die positive Transformation Ihrer Selbstverwirklichung zu stecken, anstatt wieder viel Zeit mit zum Scheitern verurteilten Beziehungskisten zu verbringen, sind Sie ganz weit vorne. Sie können das sogar in einer schon bestehenden Beziehung erreichen. Außer, Ihr Partner zeigt keinerlei Bereitschaft, sich der Probleme innerhalb der Beziehung zu stellen. Wenn das so ist, gehen Sie doch einfach Ihren eigenen Weg und fangen Sie an, daran zu glauben, dass es auch Erfüllung geben kann, ohne in einer Beziehung zu verharren, die sowieso nur unbefriedigend ist.

Stichworte zu Pluto Quadrat Mond

Pluto
Quadrat
Mond

+ Liebesbeweise
+ Emotionalität
+ Leidenschaft
+ Gefühlstiefe
+ Nonkonformismus
+ Schutzbedürftigkeit
+ Anziehungskraft
+ Liebesfreuden
+ Körperliche Liebe
+ Sinnfindung

- Ängste
- Verwirrung
- Einzelgänger
- Unsicherheit
- Umbrüche
- Unfreundlichkeit
- Ungeduld
- Zwanghaftigkeit
- Ungewöhnliches
- Aufdringlichkeit

Faszination

Sind Sie gerade im Begriff, sich in einen Menschen zu vergucken, der Sie total beeindruckt und der sehr charismatisch erscheint. Dann seien Sie vorsichtig und gehen Sie mit Verstand an die Sache heran. Es kann tatsächlich sein, dass das, was Sie an dieser Person so anzieht, gar nicht so förderlich für Sie ist. Was ist es, das Sie so fasziniert und Sie mit völlig neuen Empfindungen in Berührung bringt? Sehen Sie vielleicht sich selbst im anderen? Lebt derjenige etwas aus, was Sie nur in einer verschlüsselten Form auszuleben wagen? Hat dieser Mensch vielleicht die Kraft, das auszudrücken und auszuleben, was Sie selbst gern in sich befreien möchten? Stellen Sie sich ganz bewusst diese Fragen und prüfen Sie, ob es nicht besser wäre, zu der Einsicht zu gelangen, dass Sie wieder mal einem Phantombild nachjagen. Sie benutzen den anderen womöglich dazu, einen ungelebten Teil Ihrer selbst durch das Zusammensein mit dieser Person ausagieren zu können. Eine weitere Variante dieser Zeit beinhaltet, dass in einer bestehenden Beziehung starke emotionale Entladungen zu Konflikten führen, die den reibungslosen Ablauf des Alltags erschweren. Sie sehen sich selbst plötzlich mit Gefühlsausbrüchen aufwarten, die vorher nicht in dieser Stärke auftraten. Diese Eruptionen werden von Ihnen dazu benutzt, auf andere, Ihnen nahe stehende Menschen, emotionalen Druck auszuüben. Sie möchten deren Gefühle manipulieren und schrecken vor Machtspielen nicht zurück. Damit könnten Sie sich einige Sympathien verscherzen, was Ihnen zu einem späteren Zeitpunkt Leid tun könnte. Beherrschen Sie sich und denken Sie daran, dass Ihre Mitmenschen auch sensibel sind und respektiert werden wollen. Schalten Sie lieber einen Gang zurück auf Ihrem Egotrip. Auch ohne Gewaltakte können derartige Gefühle freigesetzt werden.

Stichworte zu Pluto Trigon Venus

Pluto
Trigon
Venus

+ Sexualtrieb
+ Leidenschaft
+ Intensive Gefühle
+ Selbstlosigkeit
+ Sinnlichkeit
+ Hingabe
+ Liebesfähigkeit
+ Gefühlsbetontheit
+ Anstand
+ Solidität

- Überkorrektheit
- Schicksalhaftigkeit
- Affären
- Kontrolliertheit
- Zwangscharakter
- Begrenztheit
- Moral
- Belehrungen
- Übertriebenes Engagement
- Starke Realitätsbezogenheit

Verlockung

Suchen Sie sich aus, was Sie gern hätten. Eine neue Liebe, oder keine. Wenn Sie sich für eine neue Liebe entschieden haben, wird das jetzt eine Ihrer leichtesten Übungen. Ohne große Eigeninitiative wird es Ihnen gelingen, das Interesse auf sich zu lenken. Genügend Bewerber stehen zur Verfügung. Jetzt kann sogar das passieren, wovon andere nur träumen, nämlich, dass der Traumprinz an Ihrer Haustür klingelt. Wie schon gesagt, es geht sehr einfach. Die Bereitschaft, sich auf eine Liebesaffäre einzulassen, muss natürlich vorhanden sein. Ob Sie allerdings glücklich zusammenleben bis ans Ende Ihrer Tage, ist hierbei nicht garantiert. Ihre Gefühle gehen auf alle Fälle sehr tief und die Beziehung, die in dieser Zeit entsteht, wird sicher einen bleibenden Eindruck hinterlassen. Je nachdem in welchem Alter Sie sind und wie viele Erfahrungen Sie schon gesammelt haben, besteht auch die Möglichkeit, dass Sie aufgrund der Leichtigkeit des Seins in die Situation kommen könnten, sich zwischen mehr als einem entscheiden zu müssen. Ihre Anziehungskraft kann dazu führen, dass Sie von potentiellen Liebesaspiranten geradezu bedrängt werden. Die Entscheidung, welchem von ihnen Sie Ihre Gunst zukommen lassen wollen, kann einige Probleme aufwerfen. Die Kräfte, die hier am Werk sind, haben einen magischen Charakter. Sie haben das Gefühl, von unsichtbaren Fäden geführt zu werden. Sie spüren aber auch instinktiv, dass Sie die Erfahrungen, die jetzt nahen, machen müssen. Sie werden Ihr Wissen über die Liebe und das Leben vervollständigen können. Ganz gleich, wie alles ausgeht, Sie werden noch lange davon zehren können. Leben Sie schon in einer festen Partnerschaft, so wird diese Zeit ihre Gefühle füreinander noch vertiefen und Sie zu einer neuen Hochzeit führen. Sie verspüren eine verstärkte Zusammengehörigkeit, was Sie enger zusammenbringt.

Stichworte zu Pluto Trigon Mond

Pluto
Trigon
Mond

+ Instinkt
+ Kontaktfreudigkeit
+ Gefühlsregenerierung
+ Positive Lebenseinstellung
+ Willensstärke
+ Intensive Gefühle
+ Hilfsbereitschaft
+ Imaginationsgabe
+ Beschützung
+ Courage

- Helfersyndrom
- Hohe Ansprüche
- Tugendhaftigkeit
- Analyse
- Mitleidigkeit
- Introvertiertheit
- Zurückgehaltene Gefühle
- Wählerische Partnerwahl
- Fehlende Spontaneität
- Kontrollierte Emotionen

Schuldgefühle

Leben Sie gerade allein und haben den nötigen Abstand, um auf eine vergangene Beziehung zurückblicken zu können, so ist das der geeignete Zeitpunkt, um mit eventuellen Schuldgefühlen, die noch als Altlast aus dieser Verbindung in Ihnen stecken, ins Reine zu kommen. Oft ist es nicht damit getan, sich von jemandem zu trennen und somit auch alle Empfindungen, die mit dieser Beziehung einhergingen abzustreifen. Durch jede enge Verbindung, die sich irgendwann auflöste, haben wir ein paar Blessuren davongetragen. Wenn diese Blessuren für den einen oder anderen sehr schwer zu verkraften waren, ist das nicht gerade förderlich für das eigene Selbstwertgefühl. Wir kommen dann leicht zu dem Schluss, dass es jetzt nur noch schlechter werden kann. Wir neigen dazu, den negativen Verlauf einer Beziehung uns selbst zuzuschreiben. Wir grübeln darüber nach, ob es nicht doch noch hätte gut werden können, wenn wir dieses und jenes besser gemacht hätten. Tatsache war jedoch, dass der Zustand, in welchem wir mit der anderen Person verflochten waren, uns nicht gemäß erschien und aufgrund dessen dieser aufgelöst wurde. Ob wir selbst es nun waren, der die Beziehung gelöst hat, oder der andere, ist oft in Bezug auf verbleibende Schuldgefühle irrelevant. Trifft man irgendwann auf einen neuen potentiellen Gefährten, so können die alten Schuldgefühle verhindern, dass daraus eine innige Beziehung entsteht. Machen Sie sich klar, dass eine gewisse Zeitspanne der Reflexion nötig ist, um sich richtig abzunabeln und Altlasten zu entsorgen. Sie stehen in keines Menschen Schuld. Sie haben nicht die Verantwortung dafür zu tragen, wenn der andere unfähig ist, eine befriedigende Beziehung zu führen. Sie blockieren dadurch den Austausch von Gefühlen mit einem neuen Partner, und können die Erwartungen, die an Sie gestellt werden, nicht in dem für beide Seiten erstrebten Maß erfüllen.

Stichworte zu Sonne Opposition Mond

Sonne
Opposition
Mond

+ Leistungsstärke
+ Energie
+ Anziehungskraft
+ Emotionsstärke
+ Wahrheitsfindung
+ Ausgleich
+ Erweiterung

- Ungleichgewicht
- Spannungen
- Schuldgefühle
- Nervosität
- Beziehungsprobleme
- Hartnäckigkeit
- Differenzen

Polarität

Diese Zeit bewirkt eine Spaltung. Letztere kann räumlich, aber genauso gut auf emotionaler Ebene eintreten. Bezüglich einer Liebesbeziehung kann eine Rückzugstendenz bestehen, da sich das Zusammenleben äußerst schwierig gestalten kann. Womöglich stellen Sie fest, dass der Acker, auf welchem das gemeinsame Leben zelebriert werden sollte, nur schlecht bestellt war. Ihre Gedanken kreisen darum, sich auf Ihr eigenes Leben zu konzentrieren. Sie haben das Gefühl, dass Ihr Partner Lichtjahre von Ihnen entfernt ist und dass Ihnen der Zugang zu ihm verwehrt ist. Ihre Befürchtungen sind durchaus berechtigt. Während Ihres Zusammenlebens hat sich eine Distanz entwickelt, die jetzt Ihren weitesten Punkt erreicht hat. Sie stehen sozusagen am Scheidepunkt einer Beziehung und Sie können das Ruder in diesem Augenblick noch einmal herumreißen. Es liegt in Ihrer Hand zu akzeptieren, dass Mann und Frau immer eine Polarität darstellen und diese beiden Prinzipien schwer vereinbar sind. Wir entwickeln dann oft die Vorstellung, dass wir mit dem Nächsten glücklicher werden und dieser viel besser verstehen wird, worauf es uns ankommt. Eine Distanz kann sich nur dort entwickeln, wo man erkennt, dass die projizierten Eigenschaften nicht oder nur in unangemessener Form vorhanden sind. Vermeiden Sie dies durch eine klare Selbstbetrachtung und eine ehrliche Analyse der eigenen Anlagen. Wenn wir selbst nicht wahrhaftig sind, also ein verzerrtes Bild von uns haben, wie soll es dann funktionieren, dass wir auf jemanden treffen, der tatsächlich so ist, wie er uns zu Beginn einer Beziehung erscheint. Je eindeutiger unser Selbstbild propagiert wird, desto größer ist die Chance einen ebenso eindeutigen Charakter kennen zu lernen, und desto geringer ist die Möglichkeit vom anderen geblendet zu werden.

Stichworte zu Venus Konjunktion Mond

Venus
Konjunktion
Mond

+ Charme	- Egoismus
+ Taktgefühl	- Vorschnelle Handlung
+ Gefühlsbetontheit	- Rücksichtslosigkeit
+ Harmonie	- Unreife Entscheidungen
+ Ausgleich	- Großspurigkeit
+ Sensibilität	- Disziplinlosigkeit
+ Glück	- Anbiederndes Verhalten

Yin Yin

Nutzen Sie die positiven Schwingungen dieser Zeit. Jetzt könnten Ihre Träume wahr werden. Haben Sie Lust zu feiern? Dann tun sie es. Möchten Sie keine Kinder bekommen? Dann passen Sie jetzt besonders auf. Romantische Anwandlungen finden Ihren Höhepunkt. Sie sind zu allem bereit. Auch zum Heiraten. Ihr Liebesleben erlebt eine wahre Glanzzeit. So, nun wissen Sie, dass alles gut ist. Die andere Seite beinhaltet, dass Sie es hier mit einer doppelten Portion weiblicher Energie zu tun haben. Wenn Sie Ihrer femininen Seite genug Spielraum geben, damit sie sich entsprechend entfalten kann, ist alles im grünen Bereich. Ist Ihr Empfinden für Ihre Weiblichkeit aber gestört, dann haben Sie jetzt sicher ein Problem. Es könnte sein, dass Sie hin und her gerissen sind, zwischen Ihrer Venus (erotisch) und Ihrem Mond (mütterlich). Sie könnten in einen Zwiespalt geraten und vorübergehend nicht recht wissen, wie Sie diese beiden Prinzipien unter einen Hut bekommen sollen. Die verführerische Aphrodite scheint nicht so recht zu dem Kochlöffel schwingenden Hausmütterchen zu passen. Das Ende der erotischen Phase ist immer dann angesagt, wenn die Küchenschürzen die Abendkleider im Kleiderschrank ablösen. Stellen Sie aus diesen beiden unterschiedlichen Qualitäten, die in Wirklichkeit gar nicht so unterschiedlich sind, eine Synthese her. Innerhalb einer Beziehung ist es möglich, dass Ihr Partner ein gespaltenes Verhältnis zu diesen beiden Archetypen hat. Das kommt öfter vor, als man glauben mag. Sieht er in Ihnen hauptsächlich die versorgende Mutter oder betrachtet er Sie eher als Aphrodite, die ihn mit Ihren erotischen Reizen betört? Es kommt darauf an, welche Rolle Sie spielen möchten. Das ist es, was Sie auch nach außen signalisieren und erhalten. Werden Sie sich darüber klar, ob Sie nur das eine oder nur das andere sein möchten, oder eine gute Mischung aus beiden Göttinnen. Das wäre der optimale Zustand.

Stichworte zu Mars Quadrat Venus

Mars
Quadrat
Venus

+ Affären
+ Leidenschaft
+ Empfindsamkeit
+ Anziehungskraft
+ Unternehmungslust
+ Triebhaftigkeit
+ Erotik

- Disharmonie
- Taktiker
- Kompromisslosigkeit
- Unsensibilität
- Konflikt
- Gefühlskälte
- Begierde

Gelüste

Dieses Prinzip wird Sie mit der Notwendigkeit konfrontieren, Ihre sexuellen Bedürfnisse genau zu definieren. Machen Sie sich ganz klar, was Sie sich von einer Beziehung erhoffen. Wenn Sie einen Partner haben, dann sprechen Sie aus, was Sie sich wünschen. Leben Sie momentan allein, dann gehen Sie in sich und machen Sie sich Gedanken darüber, wie Sie sich eine erfüllende Beziehung vorstellen. Ihre Individualität könnte im Laufe einer engen Beziehung verloren gegangen sein. Sie dürfen sich selbst nicht verlieren und wenn Sie das erkennen, sprechen Sie offen darüber. Falls Sie erkennen sollten, dass das Ungleichgewicht in Ihrer Partnerschaft darauf zurückzuführen ist, dass einer von beiden zuviel gegeben hat und der andere sparsamer war, dann ist jetzt der Augenblick gekommen, zu resümieren. Geht es Ihnen wirklich gut? Fühlen Sie sich geliebt und aufgehoben oder haben Sie Defizite zu vermelden? Ist es ein sexuelles Defizit, was Sie zurzeit frustriert, dann könnten Sie sich jetzt für den Gedanken erwärmen eine Liaison einzugehen. Vielleicht ist das zum jetzigen Zeitpunkt ja schon geschehen. Achten Sie bei Ihrer Eskapade aber darauf, dass Sie nicht nur blind Ihrem Trieb nachgeben, sondern auch darauf, dass das Objekt Ihrer Begierde dazu in der Lage ist, zwei und zwei zusammenzuzählen. Der sexuelle Kick trifft Sie somit eher außerhalb Ihrer Beziehung, da Sie mit Ihrem Partner wahrscheinlich einen Konflikt austragen müssen, vor dem Sie sich sträuben. Es wird einige Zeit dauern, bis die Harmonie wieder hergestellt ist. Gehen Sie Ihren Weg und prüfen Sie, was Ihnen in einer Liebesbeziehung vorrangig erscheint. Wenn in einer bestehenden Beziehung das Sexuelle im Vordergrund stand, kann es zu Schwierigkeiten im täglichen Umgang miteinander kommen, da es auf einer freundschaftlichen Ebene nicht genug Berührungspunkte gab. Wenn der Reiz dann nachlässt, bleibt oft nicht mehr viel übrig, was die Beziehung zusammenhalten könnte.

Stichworte zu Mars Trigon Mond

Mars
Trigon
Mond

+ Willensstärke
+ Unternehmungslust
+ Gefühlsbetontheit
+ Zielgerichtete Energie
+ Reiche Phantasie
+ Erlebnishunger
+ Tatkraft

+ Einheit
+ Bewegungsfreiheit
+ Offenheit
+ Erregung
+ Gefühlstiefe
+ Sexualität
+ Intensität

Gelassenheit

Gesunde Aggressivität ist ein wichtiger Bestandteil unseres Lebens. Um uns durchzusetzen, benötigen wir ein gewisses Maß an Kampfgeist, damit wir nicht in Tatenlosigkeit und Depression versinken. Wenn wir frustriert sind und in Trübsal versinken, weil wir nicht das angestrebte Ziel erreicht haben, greifen wir oft andere Menschen an, um die Verantwortung für unser eigenes Versagen an Außenstehende abzutreten. Die, die uns am nächsten stehen, leiden darunter und wir fühlen uns wieder etwas besser. Das ist nicht immer der richtige Weg, aber auch nicht der falsche, um mit unserem Aggressionspotential fertig zu werden. Es ist durchaus erlaubt, auf seinen Partner wütend zu sein, ja sogar ihn von Zeit zu Zeit zu hassen. Das gibt einer Beziehung eine dauerhaftere Grundlage, als eine krampfhaft gelebte Harmonie. Um unsere eigene Unabhängigkeit in Beziehungen beibehalten zu können, ist ein gesundes Maß an Aggressivität sehr von Vorteil. Sie bewahrt uns davor, vom anderen dominiert und in unserer Autonomie beschnitten zu werden. Dabei ist für jeden der Beteiligten wichtig, nicht nachtragend zu sein, wenn der andere mal ausflippt. Derjenige zeigt doch mit seinem Kampfgeist, dass er seine Individualität behaupten und nicht als hilfloses, formbares Beiwerk des anderen gesehen werden will. Akzeptieren wir doch ganz einfach unsere Partner und uns selbst mit den natürlichen, von Zeit zu Zeit auftretenden emotionalen Ausbrüchen. Wir geben unserer Beziehung, so paradox es auch klingen mag, eine Ausgeglichenheit, die auf Dauer befriedigender ist, als ständiges Harmoniegetue. Denn, wer nie im Zorn erglühte, der kennt auch die Liebe nicht. Die Energien müssen fließen. Werden sie blockiert, kann auch die Liebe nicht mehr frei fließen. Betrachten Sie Aggression mit mehr Gelassenheit und alle werden gelassener sein.

Stichworte zu Sonne Quadrat Mond

Sonne
Quadrat
Mond

+ Aufregung	- Unerfülltheit
+ Klärung	- Frust
+ Physische Energie	- Egoismus
+ Ausgleichung	- Unzulänglichkeit
+ Unterstützung	- Zugeständnisse
+ Abwarten	- Hemmung
+ Willenstärke	- Unsicherheit

Launen

Wenn Sie bis jetzt noch nicht gemerkt haben sollten, dass Mann und Frau zwei gänzlich verschiedene Wesen sind, so haben Sie jetzt eine gute Gelegenheit dieses herauszufinden. Sie müssen sich auch gar nicht so sehr anstrengen dafür, das geschieht von ganz allein. Nämlich dadurch, dass sich aufgestaute Aggressionen eine Bahn suchen, um an die Oberfläche zu gelangen. Sie fühlen sich völlig missverstanden und kommen zu dem sicheren Schluss, dass Männer und Frauen einfach nicht zueinander passen. Ihr Liebling kann es Ihnen aber auch mit nichts recht machen. Sie sind sich sogar absolut sicher, dass Ihr Partner Ihre Gefühle überhaupt nicht versteht, sie noch nicht einmal zur Kenntnis nimmt. Auseinandersetzungen sind vorprogrammiert. Aber gehen Sie nicht zu hart in die Offensive. Ihr Liebster hat sicher nur eine andere Art, mit Gefühlen umzugehen. Männer sind eben mehr vom Verstand geleitet. Das wissen Sie auch. Sie haben doch nicht etwa vor, Ihre Beziehung völlig in Frage zu stellen, aufgrund einer momentanen Überempfindlichkeit Ihrerseits. In Ihnen fechten zurzeit zwei wichtige Bereiche einen Kampf aus. Ihr Verstand versucht Ihre Emotionen zu kontrollieren und Ihre Gefühle durchdringen Ihren Intellekt. Man kann es auch so beschreiben, dass Ihre Anima gegen Ihren Animus kämpft. Dies verlagert sich natürlich auch nach außen hin auf die Beziehungsplattform. Lernen Sie jetzt jemanden kennen, könnte es zu Verständigungsproblemen kommen, da der andere womöglich konträre Ansichten vertritt. Durch Ihre eigene Zwiegespaltenheit dürfte sich die Zeit nicht besonders gut eignen für den Neubeginn von Partnerschaften. Das, was Sie an Ihren Mitmenschen stört, finden Sie sehr wahrscheinlich eher in sich selbst. Deshalb beginnen Sie lieber gleich, mit sich ins Reine zu kommen.

Stichworte zu Mars Konjunktion Mond

Mars
Konjunktion
Mond

+ Mut	- Ungeduld
+ Energie	- Tobsucht
+ Entschlossenheit	- Eifersucht
+ Kämpfernatur	- Unvorsichtigkeit
+ Durchsetzungskraft	- Frust
+ Tatkraft	- Rache
+ Empfindlichkeit	- Unvernunft

Zündstoff

Jetzt stehen die Chancen sehr gut, Ihren Liebsten mit Ihren Launen in die Flucht zu schlagen. Sie reagieren auf jede Kleinigkeit absolut emotional und nicht sonderlich durchdacht. Bevor der Unmut, welcher Sie plagt, Ihre Gehirnwindungen erreicht hat, schlagen Sie ohne nachzudenken zu. Sie reagieren ausschließlich aus dem Bauch heraus und könnten dadurch so manche Situation sprengen. Ein kleines Beispiel: Sie rasten völlig aus, weil Ihr Partner beim Frühstück seinen Kaffee zu laut schlürft. Es wirkt widerlich und abstoßend auf Sie und Sie überlegen sofort, ob es nicht besser wäre, sich aufgrund dieses Ekel erregenden Verhaltens von ihm zu trennen. Tun Sie es nicht. Sie sind zurzeit nur etwas überempfindlich und vorschnell in Ihren Reaktionen auf die Sie umgebenden Mitmenschen. Zu beachten sei hier, dass die Ursache für die vorschnellen Ausbrüche tiefer liegt. Das, was Sie an Menschen Ihres Umfelds oder an Alltäglichkeiten aufregt, ist im Grunde nur die Spitze eines Eisbergs, die zum Vorschein kommt. Die wahren Beweggründe Ihres Unmuts stecken sehr viel tiefer. Denn wenn Sie mal ganz ehrlich zu sich sind, werden Sie dahinter kommen, dass es ziemlich überflüssig ist, jemanden wegen absoluter Banalitäten zu verurteilen, für Verhaltensweisen, die einfach nur menschlich sind. Sie machen aus einer Mücke einen Elefanten, entweder, weil Sie unausgeglichen sind und Ihr Kräftepotential nicht richtig einzusetzen in der Lage sind oder weil Ihnen aufgrund der Tatsache, dass Ihr Energiereservoir ungenutzt brachliegt einfach nichts Besseres einfällt, als Ihre Umwelt zu attackieren. Ihre Seele hat mit Sicherheit ein Defizit aufzuweisen, das Ihnen nicht bewusst ist und Sie deshalb Situationen heraufbeschwören lässt, die Ihnen die vermeintliche Berechtigung zu geben scheinen, sich Luft machen zu können. Viel klüger wäre jetzt das emotionale Manko durch konstruktivere Maßnahmen aufzufüllen.

Stichworte zu Venus Konjunktion Merkur

Venus
Konjunktion
Merkur

+ Fairness
+ Einfallsreichtum
+ Erfolg
+ Kooperation
+ Natürlichkeit
+ Kultiviertheit
+ Unbeschwertheit

- Risikoscheu
- Pragmatismus
- Verstandesmensch
- Nüchternheit
- Zurückhaltung
- Sachlichkeit
- Gebremstheit

Freude

Eine große Unsicherheit beider Geschlechter, jedoch vorrangig bei Frauen, ist die, dass Sie nie wirklich zufrieden sind mit dem, was Sie haben. Damit ist nicht das Materielle gemeint, sondern eher das äußere Erscheinungsbild. Wie viele Frauen gibt es, die ihren Körper ohne Einschränkungen attraktiv finden? Mein Busen ist zu groß, mein Busen ist zu klein, meine Beine sind zu kurz, meine Beine sind zu dick usw. Ist es nicht das, was uns einschränkt und uns daran hindert das Leben uneingeschränkt auszukosten? Liebe deinen Nächsten wie dich selbst. Aber wer liebt sich denn selbst mit allen Mankos und Defiziten? Wäre das Leben nicht viel schöner, wenn wir keinen Fernseher hätten und keine Modezeitschriften, wo uns immer wieder vor Augen gehalten wird, wie schön die Models sind und wie weniger schön wir selbst. Das beeinträchtigt doch irgendwie unser Selbstwertgefühl und unsere Souveränität, auch im Umgang mit dem anderen Geschlecht. Es ist wichtig zu erkennen, dass Sie ein liebenswerter Mensch sind, der durch seine positive Einstellung zu sich selbst auch Positives nach außen projizieren kann. Sprechen Sie einfach aus, was Sie denken. Machen Sie Komplimente. Verbalisieren Sie die Schönheit, die Sie umgibt und nehmen Sie auch an, wenn Sie etwas Liebenswürdiges gesagt bekommen. Sie dürfen das annehmen. Aber um Gottes Willen verkriechen Sie sich nicht in Ihrer Höhle. Gehen Sie unter Menschen und probieren Sie aus, wie es sich anfühlt, mit sich selbst in gutem Einvernehmen zu sein. Sie strahlen es aus und die Resonanz wird nicht ausbleiben. Wie soll sich jemand für Sie interessieren, wenn Sie nicht in der Lage sind, sich selbst so zu akzeptieren, wie Sie sind? Falsche Ideale haben ausgedient. Werfen Sie alle Ressentiments gegen sich selbst über Bord und tanzen Sie hinaus ins Leben. Das ist nämlich die Aufforderung, sich zu amüsieren und vor allem sich so zu lieben wie man ist und wer etwas dagegen hat, der soll sehen, dass er Land gewinnt.

Stichworte zu Merkur Konjunktion Mond

Merkur
Konjunktion
Mond

+ Sensibilität
+ Intuition
+ Begabung
+ Sympathie
+ Verständnis
+ Kontaktfreude
+ Flexibilität

- Intellektualisierung
- Kritikempfindlichkeit
- Kleinkariertes Denken
- Launenhaftigkeit
- Zwiespältigkeit
- Rationale Gefühle
- Gefühlte Rationalität

Liebesgeflüster

Der verbale Austausch von Gefühlen ist jetzt begünstigt. Wenn Sie etwas bedrückt, was Sie schon seit längerer Zeit mit sich herumtragen, so ist das der optimale Zeitpunkt, darüber zu sprechen. Die meisten Menschen scheuen sich davor, ihre Gefühle mit Worten auszudrücken, denn das gesprochene Wort hat immer etwas Endgültiges, Bindendes. Man versucht ständig, sich um Äußerungen, die das Innerste betreffen, herumzudrücken. Dadurch entstehen oftmals Missverständnisse und es wird mehr in das Unausgesprochene hineininterpretiert, als in das, was wirklich gesagt wurde. Wer die Gabe hat, das, was ihm auf dem Herzen liegt auch zu kommunizieren, schafft für sich und seine Umwelt eine klare Ausgangsbasis. Die Luft wird gereinigt, wie nach einem kühlen Regen. Leider wird in vielen Beziehungen die Notwendigkeit des Miteinander Redens unterschätzt und trickreich umgangen. Wir haben so viel anderes zu tun und müssen uns so vieler Freizeitaktivitäten widmen, dass es so gut wie immer gelingt nie über das zu reden, was wichtig ist. Wer schon lange eine Herzenslast mit sich herumträgt und nie den passenden Moment erwischt hat, um es mit seinem Partner zu bereden, der sollte es jetzt tun. Der Zeitpunkt dafür ist wie geschaffen, einmal alles loszuwerden, was sich im Laufe der Zeit angehäuft hat. Haben Sie keine Scheu, Sie werden nicht auf taube Ohren stoßen, weil es Ihnen gelingen sollte, das, was Sie zu sagen haben, mit genügend Einfühlungsvermögen und Sensibilität verständlich zu formulieren. Ihr Gegenüber wird es sicher dankend annehmen und Sie müssen sich keine Sorgen darüber machen, dass Sie unverstanden bleiben. Denn jeder Mensch hat in sich das Bedürfnis, sich jemandem anvertrauen zu können. Es ist nur die Furcht vor Ablehnung und die Angst sich lächerlich zu machen, wenn das ausgesprochen wird, was sich wirklich in uns abspielt. Fassen Sie sich ein Herz, und das im wahrsten Sinne des Wortes, und alle Beteiligten werden mit gefülltem Herzen daraus hervorgehen.

Stichworte zu Sonne Konjunktion Mond

Sonne
Konjunktion
Mond

+ Selbstzufriedenheit
+ Engagement
+ Souveränität
+ Geschicklichkeit
+ Vorteilhaftigkeit
+ Bequemlichkeit
+ Häuslichkeit

- Egozentrik
- Selbstgenügsamkeit
- Introvertiertheit
- Einsamkeit
- Blockade
- Einzelgänger
- Eigenbrötlerei

Neuanfang

Diese Phase eignet sich besonders gut für einen Neuanfang. Wenn in Ihnen das Bedürfnis wach wird, Ihr Leben einem Check zu unterziehen und einen großen Hausputz zu machen, dann ist jetzt genau der richtige Zeitpunkt hierfür. Ein Zyklus kann zu Ende gehen, und ein neuer könnte jetzt beginnen. Das muss sich gar nicht so dramatisch auswirken, wie es sich hier vielleicht anhört. Alles, was im Verborgenen geschlummert hat, könnte versuchen, sich einen Weg ans Tageslicht zu bahnen. Es wird Sie sicherlich in Erstaunen versetzen, welch unentdeckte Bereiche in Ihrer Seele darauf warten, befreit zu werden. Gibt es noch einen Traum, der Sie aufruft, diesen zu realisieren? Vielleicht möchten Sie gern ein anderes Dasein führen, aber Ihre Angst vor den Konsequenzen, alles hat irgendwelche Auswirkungen, schreckt Sie so sehr ab, dass Sie lieber darauf verzichten würden, ein Wagnis einzugehen. Dabei ist der Moment jetzt absolut günstig, auf einen fahrenden Zug aufzuspringen. Wenn es sich um die Frage drehen sollte, ob Sie zum Beispiel mit Ihrem Partner eine gemeinsame Wohnung beziehen sollten, so ist das ein günstiger Augenblick, diesen Schritt zu tun. Die Zeit der Zweifel dürfte Vergangenheit sein, sofern Ihr Herz dem zustimmt. Es ist gut möglich, dass Sie die Absicht hegen, zu heiraten. Wenn dem so ist, sollten Sie die Gunst der Stunde nutzen. Der Zeitpunkt ist wie geschaffen dafür. Werfen Sie alle Ängste über Bord und lassen Sie sich auf das Neue ein. Später wird Sie die Entscheidung, diesen Entschluss gefasst zu haben, mit Glückseligkeit belohnen. Leben Sie allein, stehen die Chancen ausgezeichnet, dass Sie in nächster Zeit einen Menschen treffen werden, der Ihr Leben auf positive Weise verändern wird. Es geht bergauf. Sie werden ein paar Seiten Ihres Wesens besser kennen lernen. Durch die Konfrontation mit einem anderen Menschen, haben Sie die Gelegenheit herauszufinden, wer Sie sind und wie oder was Sie zu fühlen in der Lage sind.

Stichworte zu Venus Quadrat Merkur

Venus
Quadrat
Merkur

+ Humor
+ Antrieb
+ Geselligkeit
+ Scherze
+ Attraktivität
+ Intermezzo
+ Spaß

- Spannungen
- Differenzen
- Sarkasmus
- Egoismus
- Übertreibung
- Selbstverleugnung
- Sturheit

Entscheidungsfreude

Sie verspüren eine Unruhe in sich, wie dieses elektrisierende Gefühl vor dem Sturm. Sie ahnen, dass in nächster Zeit etwas passiert. Ein Gefühl wie in der Kindheit, kurz vor der Bescherung. Sie wissen, dass Ihnen etwas beschert wird, aber Sie wissen nicht genau, was es ist. Ob es das ist, was Sie sich gewünscht haben, oder etwas anderes ist. Das, was geschieht, hängt davon ab, wie Sie sich entscheiden. Alle diejenigen, die gerade allein leben, dürfen sich freuen, denn das wird sich bestimmt bald ändern. Aber auch hierbei kommt es darauf an, ob Sie sich dafür entscheiden können, das Alleinsein aufzugeben. Es liegt an Ihnen, welche Richtung Sie einschlagen und wie groß die Verlockung ist. Sie können den Weg dorthin ebnen, indem Sie Ihrer Attraktivität, innerlich wie äußerlich mehr Bewusstheit schenken. Gehen Sie los und geben Sie Ihrem Erscheinungsbild mehr Glanz. Das soll nicht heißen, dass Sie sich von oben bis unten mit Perlen behängen müssen. Kehren Sie Ihre innere Schönheit nach außen, so dass Sie auch für andere sichtbar wird. Gehen Sie auf Menschen zu, interessieren Sie sich für deren Leben, kommunizieren Sie mit ihnen, lachen Sie mit ihnen. Sie könnten sich jetzt ebenfalls dafür entscheiden, eine erotische Beziehung zu einem Menschen einzugehen, mit dem Sie bisher nur rein freundschaftlich verbunden waren. Leben Sie schon in einer Beziehung, ist das eine gute Zeit, sich mit dem Partner über beziehungsinterne Angelegenheiten zu unterhalten. Sie können jetzt sehr gut formulieren, was am Vollzug der Partnerschaft verbesserungsfähig ist. Wenn Ihnen irgendetwas auf den Nägeln brennt, was Sie schon lange einmal ansprechen wollten, so ist das ein guter Zeitpunkt, dies zu tun. Achten Sie darauf, dass Sie dabei Ihren Humor behalten. Am Ende sitzen Sie womöglich zusammen und halten sich die Bäuche vor Lachen. Sie können sich auf diese Art eine neue Grundstimmung schaffen, die Ihre Zukunft positiv beeinflussen wird.

Stichworte zu Merkur Quadrat Mond

Merkur
Quadrat
Mond

+ Freundschaft	- Geschwätzigkeit
+ Loyalität	- Nervosität
+ Detailtreue	- Kontaktschwierigkeiten
+ Empathie	- Sentimentalitäten
+ Individualität	- Subjektivität
+ Sensibilität	- Nervtöter
+ Verletzlichkeit	- Egozentrik

Sprich Worte

In unseren Gedanken malen wir uns oft die phantastischsten Bilder aus. Wir geben unseren Gefühlen eine Form. Ganze Spielfilme laufen vor dem inneren Auge ab, worin wir immer die Hauptrolle spielen. In den Nebenrollen agieren die Menschen unserer nächsten Umgebung. Sind wir verliebt, kommt es zu einer ganzen Häufung von Filmausschnitten, die mehrmals pro Tag wiederholt werden. Das macht sogar richtig Spaß und man kann sich die schönsten Situationen und Liebeserklärungen ausdenken und sich vorstellen, wie es wäre, wenn diese Worte zu uns gesprochen würden. Haben Sie schon einmal festgestellt, dass wir im Geiste meist die oder den anderen sprechen lassen. Jedenfalls bei den angenehmen Äußerungen wie: "Ich liebe Dich so sehr, ich kann ohne dich nicht leben...." Wir erwarten oft, dass man uns auf verbalem Weg Gefühle offenbart. Wir selbst tun uns eher schwer mit Liebesbezeugungen. Wir ärgern uns dann oft, weil wir nicht genug gesagt bekommen, dass man uns braucht, gern mit uns zusammen ist, uns liebt usw. Aber was tun wir dagegen? Wie artikulieren wir selbst das, was in uns vorgeht? Wann haben Sie zum letzten Mal mit jemandem über das gesprochen, was Sie fühlen? Vielleicht gehören Sie ja auch nicht zu denjenigen, die ihr Herz auf der Zunge tragen, aber es kann doch sein, dass der andere genau wie Sie auf ein paar liebe Worte wartet. Der Moment, in welchem die Gefühle, die wir in uns tragen, in Worte gefasst werden, gestaltet sich häufig anders, als man es sich vorgestellt hat. Sie hören sich selbst reden und ein Funke Angst bemächtigt sich Ihrer. Es ist die Furcht vor der eigenen Stimme. Jedoch auch die Furcht, ob das, was wir sagen, auch wahr ist. Auch wenn die Wahrscheinlichkeit gegeben ist, dass das geschieht, so haben wir doch in solchen Momenten eine Hemmschwelle zu überwinden. Aber wir haben die Möglichkeit zu hören, ob das, was wir fühlen, auch wahrhaftig ist.

Stichworte zu Mars Quadrat Mond

Mars
Quadrat
Mond

+ Schutzbedürftigkeit
+ Kräfte
+ Empfindsamkeit
+ Offenheit
+ Individualität
+ Redseligkeit
+ Dynamik

- Rivalität
- Streitereien
- Keine Souveränität
- Zügellosigkeit
- Zornesausbrüche
- Wutanfälle
- Ansprüche

Reizbarkeit

Von null auf hundert in einer Sekunde. So könnte man Ihren Zustand momentan beschreiben. Der Auslöser für Ihr gereiztes Gemüt dürfte wohl vorrangig von weiblichen Personen ausgehen. Dabei kann es sich um ein weibliches Wesen aus dem engeren Familienkreis handeln, wie zum Beispiel die legendäre Schwiegermutter. Oder Sie geraten in Zorn, nur weil Ihr Liebster völlig belanglos eine Bekannte aus seiner Firma erwähnt und Sie veranstalten deshalb ein riesiges Spektakel. Unter normalen Umständen hätte solch ein emotionaler Ausbruch gar nicht stattgefunden, aber zurzeit sind Sie sehr empfänglich für subtilste Anspielungen, die Sie zu übelsten Attacken verleiten. Wie bei allen Gefühlsausbrüchen, die meist unvorhergesehen über einen hereinbrechen, ist auch hier gewiss, dass es Ihnen hinterher wieder Leid tun wird. Sie haben Ihre Emotionen nicht im Griff und reagieren wie ein dreijähriges Kind. Das kann ja auch mal ganz witzig sein, jedoch könnte es, je nachdem, in welchem Alter Sie sind, leicht infantil wirken. Wenn Sie sich auf den Boden werfen und mit Armen und Beinen strampeln, wird es Ihnen in der jetzigen Zeit sicher keine großen Sympathien einbringen. Wie schon erwähnt, gelingt es kaum einem Kleinkind mit solchem Verhalten, die Zuneigung der Anwesenden zu bewahren. Woher diese Anspannungen in Ihrem Inneren auch herrühren mögen, müssen Sie selbst herausfinden. Eventuell spiegelt es eine Unzufriedenheit mit der momentanen Lebenssituation wider. Auch kann es auf ein Gefühl der Unzulänglichkeit hindeuten. Tatsache ist, dass Ihnen berechtigt oder auch unberechtigterweise zu oft der Hut hochgeht. Die beste Lösung, die Spannung abzubauen ist, sich einen Abflusskanal für die überschüssigen Energien zu suchen. Versuchen Sie Ihre Kräfte in eine für Sie sinnvolle Angelegenheit zu stecken. Wenn Sie sehen, dass Sie mit einer bestimmten Sache Erfolg haben, legen sich auch die Aggressionen.

Stichworte zu Sonne Quadrat Venus

Sonne
Quadrat
Venus

+ Streben	- Trennung
+ Aktivität	- Zwiegespaltenheit
+ Entscheidungen	- Unschlüssigkeit
+ Liebe	- Ignoranz
+ Heiterkeit	- Eifersucht
+ Klärung	- Nachlässigkeit
+ Wohlwollen	- Verleugnung

Holy Days

Rein äußerlich betrachtet, könnte sich diese Zeit als völlig positiv manifestieren. Sie können sich voll und ganz auf die Dinge des Lebens konzentrieren, die Ihr körperliches Wohlbefinden steigern. Gehen Sie in die Sauna, lassen Sie sich massieren. Machen Sie sich hübsch für Ihren Liebsten. Vielleicht eine neue Haarfarbe? Was Ihnen auch einfällt, tun Sie es einfach nur deshalb, um sich etwas Gutes zu tun. Gestalten Sie Ihr Heim neu. Alles, was mit Schönheit und Ästhetik zu tun hat, sollte jetzt zu Ihrer liebsten Freizeitbeschäftigung werden. Die Betonung liegt auf Freizeit, denn mit Arbeit kann man Sie im Moment jagen. Es sei denn, dass diese Arbeit unter einem künstlerischen Aspekt gesehen werden kann. Lochbleche bohren oder Kuhställe ausmisten dürfte jetzt nicht zu Ihren bevorzugten Aktivitäten zählen. Lassen Sie der Liebe freien Lauf. Verlieben Sie sich oder wenn Sie es schon sind, dann überlegen Sie, wie sie Ihrer Liebe einen neuen Anstrich verpassen können. Beschäftigen Sie sich mit fernöstlicher Literatur zum Thema Tantra. Der Besuch in einem Sexshop könnte Sie auf ganz neue Ideen bringen, wie Sie Ihren Geliebten verzaubern können. Bleiben Sie einfach mal im Bett liegen und ergeben Sie sich voll und ganz der Erhaltung Ihrer zwischenmenschlichen Beziehung. Sie werden danach verjüngt und beschwingt neue Anstrengungen in Angriff nehmen können. Aber jetzt ist Entspannung angesagt und nicht das Einhalten des Terminkalenders. Der einzige Wermutstropfen besteht darin, dass Sie durch Ihren Anspruch an die ästhetischen Gesichtspunkte leicht oder auch mittelschwer zusammenzucken könnten über eventuelle kleinere Entgleisungen Ihres Partners. Lassen Sie sich doch davon nicht die Stimmung verderben. Seien Sie auch dort großzügig und schränken Sie niemanden ein durch Ihre Maßregelungen.

Stichworte zu Mars Konjunktion Venus

Mars
Konjunktion
Venus

+ Gerechtigkeitssinn
+ Wärme
+ Sinnenfreude
+ Gefühl
+ Lust
+ Freiheitsliebe
+ Verlangen

- Überredungskunst
- Triebhaftigkeit
- Konkurrenzdenken
- Missverständnisse
- Draufgänger
- Schwarz-Weiß-Denken
- Hohe Ansprüche

Triebe

Zärtliche Gefühle und emotionale Tiefe haben jetzt keine absolute Priorität, sondern lediglich das reine sexuelle Verlangen. Wenn es sich in Ihrem Leben um eine neue Bekanntschaft handeln sollte, dann wägen Sie zuerst einmal gründlich ab, welche Qualität von ihr ausgeht, bevor Sie sich in ein sexuelles Abenteuer stürzen. Wenn Sie aber gerade auf ein Abenteuer aus sind, dann ist das der richtige Zeitpunkt dafür. Innerhalb einer schon bestehenden Beziehung wirkt sich die Qualität dieser Zeit sehr stimulierend auf das Liebesleben aus. Sie können jetzt Ihre Verbindung zu neuem Leben erwecken und sehr schöne Stunden miteinander verbringen. Sind Sie gerade im Begriff einen neuen Menschen in Ihr Leben zu lassen, dann könnte es sehr explosiv zugehen, wobei allerdings der wahre Tiefgang, der zu einer dauerhaften Verbindung gehört, nicht so recht aufkommen dürfte. Da jedoch Ihr Hormonhaushalt schwer im Zaum zu halten sein könnte, ist es durchaus möglich, dass sich eine lebhafte Affäre entwickelt. Diese wird allerdings zu neunundneunzig Prozent rein sexuell gefärbt sein. Wenn Sie Ihr sexuelles Verlangen zu unterdrücken versuchen, oder das geeignete Ventil fehlt, wird eine gewisse Gereiztheit von Ihnen Besitz ergreifen. Die Energien, die jetzt freigesetzt werden, bedürfen eines Kanals, um sich zu entladen. Anderenfalls ist eine Transformation der Kräfte in den kreativen Bereich möglich. Wem das nicht liegt, der sollte vielleicht einfach einen Stapel Holz klein hacken. Hauptsache die Energie wird abgeleitet. Ach ja, und noch eins, wählen Sie auf keine Fall Ihren Chef als denjenigen aus, dem diese Ehre zuteil werden soll. Das gibt nur Ärger. Alles in Allem ist das eine spannungsgeladene Sache, bei welcher die primäre Austragungsebene in der Sexualität liegt. Achten Sie aber darauf, dass der gewählte Protagonist Ihre Gunst auch verdient.

Stichworte zu Venus Quadrat Mond

Venus
Quadrat
Mond

+ Gefühlsstärke
+ Sorglosigkeit
+ Freundschaft
+ Gutgläubigkeit
+ Vertrauensseligkeit
+ Beeindruckbarkeit
+ Sexuelle Beziehungen

- Affären
- Sentimentalität
- Schuldgefühle
- Finanzielle Probleme
- Bindungsangst
- Verantwortungsscheu
- Flucht

Wunschdenken

Wenn Sie gerade allein leben und keinen Partner haben, sich aber einen wünschen, aber keinen bekommen, sollten Sie sich fragen, warum das so ist. Suchen Sie aber nicht bei den potentiellen Liebespartnern nach der Ursache, sondern bei sich selbst. In Ihnen steckt sicher, wie in jedem von uns, das Verlangen nach Liebe, Geborgenheit und Schutz. Wer nach einer Trennung vorerst allein gelebt hat und nach überwundenem Abnabelungsprozess sein Leben selbst in die Hand genommen hat, fühlt gleichzeitig ein gewisses Maß an Stärke in sich wachsen. Wer diese Erfahrung vielleicht schon öfter gemacht hat, ist sicher mit jedem Mal ein Stück gereift. Zwangsläufig entwickelt man die Fähigkeit es sich gut gehen zu lassen, auch ohne einen Partner. Das macht stark und befreit von der fixen Idee, nur in einer Beziehung glücklich sein zu können. Sie haben sicher schon festgestellt, dass sich Ihnen einige Gelegenheiten geboten haben, was das Kennen lernen betrifft. Jedoch fanden Sie mit Sicherheit immer einen Ausweg, der es Ihnen ermöglichte ein Fortschreiten in Richtung neuer Partnerschaft zu unterbinden. In dieser Zeit kommt es darauf an, was Sie wirklich wollen und brauchen. Wenn Sie sich ehrlich in jemanden verlieben wollen, dann könnte das jetzt geschehen. Wenn Sie es nicht wollen, werden Sie auch keine zehn Pferde dazu bewegen. Eine andere Frage, die sich hier stellt, ist die, ob Sie wirklich einen Partner wünschen, oder ob Sie nur jemanden brauchen, den Sie bemuttern können. Dies könnte Sie dazu führen sich mit einer weiteren Diskrepanz in Ihrem Inneren beschäftigen zu müssen. Nämlich der, ob Sie überhaupt dazu bereit sind, eine Beziehung zu einem ebenbürtigen Partner eingehen zu wollen. Oder flüchten Sie sich lieber in die Rolle der Nährmutter und lehnen ein erwachsenes Rollenspiel innerlich ab um lieber in die Mutter-Kind-Rolle flüchten zu können?

Stichworte zu Mars Trigon Venus

Mars
Trigon
Venus

+ Anziehungskraft
+ Freude
+ Eheglück
+ Dynamik
+ Leichtigkeit
+ Glück
+ Sex-Appeal

+ Wärme
+ Heiterkeit
+ Selbstvertrauen
+ Herzlichkeit
+ Geselligkeit
+ Sinnlichkeit
+ Hilfe

Begegnungen

Wenn Sie zurzeit ohne feste Beziehung leben, dann können Sie jetzt austesten, was es bedeutet, den freien Willen zu haben. Sie haben die Alternative zwischen gemütlichem Zusammensein mit Freunden, bekleidet mit Jogginghose und einer Flasche Bier in der Hand. Das ist der bequemere Weg. Sie haben jedoch auch die Möglichkeit sich neue Kreise zu erschließen, wo Sie ganz neue Menschen kennen lernen könnten. Das ist natürlich nicht so einfach wie die erste Lösung. Sie müssten sich vielleicht mal in andere Klamotten werfen und das Wagnis eingehen, mit Leuten in Kontakt zu kommen, die Sie noch gar nicht kennen. Sicher erscheint es Ihnen unverfänglicher, mit einer alten Freundin in der Kneipe zu sitzen und aus sicherer Entfernung ein bisschen über andere zu lästern. Allerdings ist die Wahrscheinlichkeit, dass dabei neue Bekanntschaften entstehen sehr viel geringer, als bei einem Alleingang. Wie gesagt, Sie können jetzt wählen, ob Sie neue Beziehungen haben wollen, oder ob Ihnen Ihr vertrautes Umfeld ausreichend erscheint. Suchen Sie Orte auf, wo jede Menge Menschen zusammenkommen. Nur sollten Sie vorher nach Interessengruppen genau selektieren. Wenn Sie sich zu einem Gymnastikkursus gegen Cellulitis anmelden, ist die Wahrscheinlichkeit sehr hoch, dass Sie es hauptsächlich mit Frauen zu tun haben werden. Wenn Ihnen das erstrebenswert erscheint, so ist dagegen nichts einzuwenden. Würden Sie allerdings lieber männliche Bekanntschaften vorziehen, so sei Ihnen geraten, Plätze aufzusuchen, wo sich mehr Männer als Frauen aufhalten. Zum Beispiel bei Autorennen oder als Gasthörerin in der Uni bei den angehenden Maschinenbauingenieuren. Was Sie auch tun, es wird sicher alles sehr angenehm verlaufen, denn die Strömungstendenzen verlaufen in jeder Hinsicht störungsfrei. Auch wenn Sie aus Bequemlichkeit lieber zu Hause auf dem Sofa sitzen bleiben wollen.

Stichworte zu Sonne Konjunktion Venus

Sonne
Konjunktion
Venus

+ Lebensfreude
+ Sympathieträger
+ Liebesfähigkeit
+ Kommunikationsfreude
+ Geselligkeit
+ Romantik
+ Glückskind

- Selbstgefälligkeit
- Vergnügungssucht
- Eigennutz
- Zugeständnisse
- Imponiergehabe
- Arroganz
- Drang nach Anerkennung

Anziehung

Durch ein erhöhtes Maß an Vitalität und ein sehr bestimmtes Auftreten, ziehen Sie das Interesse anderer Menschen auf sich. Sie verspüren das Verlangen zu kommunizieren und neue Leute kennen zu lernen, was Ihnen auch mit Leichtigkeit gelingen sollte. Sie finden Beachtung und wirken anziehend auf bekannte und fremde Menschen gleichermaßen. Neue Freundschaften finden sich ohne große Schwierigkeit. Da die Kontaktfreude gesteigert ist, ist auch eine neue Liebe sehr gut denkbar. Sie strahlen Wärme aus und bekommen diese auch von Ihrem Gegenüber zu spüren. Es könnte die große Liebe sein, die Sie treffen werden. Es besteht die Möglichkeit, dass alles so wird, wie Sie es sich in Ihren Träumen immer vorgestellt haben. Ein Problem bringt diese Konstellation jedoch mit sich und zwar geht es darum, ob Sie eine positive Grundeinstellung zu sich selbst haben. Können Sie wirklich annehmen, dass man Sie liebt und finden Sie sich liebenswert? Haben Sie Angst vor Nähe? Wenn Sie die erste Frage mit ja und die zweite Frage mit nein beantworten können, steht einer wirklich großen Liebe nichts im Wege. Allerdings sollten Sie sich nicht allzu große Illusionen machen, wenn einer dieser beiden Faktoren ein Problem für Sie darstellt. Eine weitere Manifestation könnte sein, dass Sie sich dieser neuen Liebe so dermaßen anheim stellen, dass Sie sich selbst verlieren werden und sich nur noch auf den geliebten Partner fixieren. Stellen Sie also sicher, dass Sie sie selbst bleiben und die Liebe nicht zum Joch wird, was zwangsläufig zu einer Last wird, wenn der erste Taumel vorüber ist. Sich zu verlieben ist leicht, jedoch genügt das in den meisten Fällen nicht, da jedes Individuum auch einige Anlagen mitbringen muss, die es ihm möglich machen, die Liebe, die es ersehnt auch leben zu können.

Stichworte zu Mars Mond Saturn

Mars
Mond
Saturn

- Impuls
- Kampf
- Aggression
- Schmerz
- Herausforderung
- Gefühl
- Geborgenheit
- Wechselhaftigkeit

- Weiblichkeit
- Eigensinn
- Verantwortung
- Beschränkung
- Starre
- Isolation
- Zielstrebigkeit

Durchsetzung

Wenn Sie in einer Beziehung leben, könnten Sie sich durch den Partner gemaßregelt fühlen. Sie fühlen sich dabei wie ein ungezogenes Kind, dass immer wieder in die Schranken gewiesen wird. Dieses Verhalten tritt oft in Beziehungen auf, in der die eine Person nicht wagt, ihre wahren Bedürfnisse geltend zu machen. Es gelingt Ihnen nicht, Ihre Triebe und Emotionen in die Beziehung einbringen zu können. Aus Furcht, den Partner zu verärgern, spielen Sie eine untergeordnete Rolle und verleugnen Ihre eigene Persönlichkeit. Da Sie ein schlechtes Durchsetzungsvermögen haben, suchen Sie unbewusst eine dominante Persönlichkeit, die Ihnen den Weg weist. So müssen Sie nicht weiter darüber nachdenken, was richtig und falsch für Sie ist. Um eine eigenständige Persönlichkeit werden zu können, sollten Sie allerdings lernen, Ihre Bedürfnisse zu definieren und auch die Verantwortung dafür übernehmen. Viele Verbindungen beruhen auf einem unausgesprochenen Vertrag, der von beiden stillschweigend akzeptiert wird und die Beziehung auf diese Weise in einem neurotischen Gleichgewicht erscheinen lässt. Der Vertrag könnte in diesem Fall so aussehen, dass die eine Partei bitte immer hilflos, willenlos und schwach bleiben muss, und die andere Seite dafür immer stark, beschützend und dominierend bleibt. Wenn einer seine Vertragsbedingungen nicht mehr einhalten will und zum Beispiel der Schwächere plötzlich eine eigene Meinung entwickelt, ist der reibungslose Ablauf des Alltags gestört und der Vertrag droht zu platzen. So etwas passiert häufig in Beziehungen, in denen dem einen Partner kein Raum für die Entfaltung seiner persönlichen Eigenart zugestanden wird. Sie sollten sich von diesen selbst angelegten Fesseln lösen und den Mut finden, Ihr wahres Wesen zu befreien. Finden Sie heraus, wer Sie sind, überlassen Sie das keinem anderen.

Stichworte zu Uranus Venus Pluto

Uranus
Venus
Pluto

- Sprengkraft
- Revolution
- Erneuerung
- Unruhe
- Lebendigkeit
- Harmonie
- Leidenschaft
- Ausgleich

- Geliebte
- Eitelkeit
- Potenz
- Opfer
- Verdrängtes
- Imagination
- Zerstörung

Trennung

Dies kann das Ende einer Beziehung bedeuten, die in dieser Form keine Überlebenschance mehr hat. Die Umstände zwingen Sie zum Handeln. Die Qualitäten Ihres Zusammenlebens haben sich gewandelt. Sie spüren instinktiv, dass das Ende eines Zyklus erreicht ist. Auch wenn sich das ziemlich bedrohlich anhört, so sollten Sie sich der Tatsache bewusst sein, dass jedes Ende auch immer der Anfang von etwas Neuem ist. Dieser Neubeginn kann sich in Form einer Verbindung zu einem anderen Menschen manifestieren, oder die alte Beziehung transformieren. Damit ist gemeint, dass sich durch aktive Erforschung der Störfaktoren und einer bewussten Auseinandersetzung mit dem Status quo eine positive Veränderung erwirken lässt. Viel häufiger geht man jedoch den Weg der Trennung. Entweder man wird verlassen oder man selbst ist derjenige, der verlässt. Wenn man selbst es ist, der verlässt, ist man immer in der besseren Position, während der andere stärker in die Rolle des Erleidenden gerät. Da dieser Zustand für einen selbst nicht erstrebenswert ist, könnte man vorschnell den Entschluss fassen, jemanden zu verlassen, bevor dieser es tut, nur um nicht die Qual der Zurückweisung erleiden zu müssen. Dieses Verhaltensmuster entsteht schon sehr früh in einer menschlichen Seele, wenn wichtige Bezugspersonen der Kindheit plötzlich aus irgendeinem Grund nicht mehr greifbar waren. So kann diese frühe Erfahrung dazu führen, dass man eine ständige Unsicherheit in sich trägt, die einen unbewusst in Situationen bringt, wo sich diese Erfahrung wiederholt. Man stößt lieber die andere Person vor den Kopf, bevor es einen selbst treffen könnte. Dieses Reaktionsmuster kann zu dieser Zeit wieder an die Oberfläche drängen. Aber machen Sie sich zur Abwechslung mal Gedanken darüber, ob sich durch Ihren Weggang Ihre Position tatsächlich verbessern wird, oder ob es nicht die alte Furcht vor dem möglichen Verlust ist.

Stichworte zu Saturn Venus Mond

Saturn
Venus
Mond

- Realität
- Pflicht
- Nüchternheit
- Ausdauer
- Struktur
- Erotik
- Partnerschaft
- Verführung

- Genuss
- Besitzdenken
- Das Unbewusste
- Reflexe
- Intuition
- Unbeständigkeit
- Empfindungen

Hingabe

Im Moment könnten Sie mit der ganzen Härte konfrontiert werden, die das Zusammenleben in einer Partnerschaft mit sich bringen kann. Sie könnten Belastungen ausgesetzt sein, die Ihre Liebe auf die Probe stellen. Die Person, mit der Sie eine Liebesbeziehung haben, oder im Begriff sind einzugehen, könnte Probleme haben, Gefühle zum Ausdruck zu bringen. Enttäuschungen und Vertrauensmissbrauch, die aus der Vergangenheit stammen, haben dazu geführt, dass sich dieser Mensch nur schwer in einer Liebesverbindung hingeben kann. Es ist die Angst vor Zurückweisung und davor, sich selbst zu verlieren, wenn man voll und ganz seinen Emotionen freien Lauf lässt. Die Angst kann verhindern, dass überhaupt ein inniges Zusammensein mit dem Partner realisierbar ist. Allerdings ist nicht nur möglich, dass Sie auf diese Problematik bei einer anderen Person stoßen, sondern dass Sie selbst die Person sind, die diesen Konflikt in sich trägt. Wir suchen dann unser ganzes Leben nach dem Engel, der uns entzaubert. Dieser Traum von dem vollkommenen Wesen, dem wir in seiner Reinheit und Vollkommenheit völlig vertrauen können, endet zwangsläufig in weiteren Enttäuschungen, da niemand diesem Anspruch gerecht werden kann, ohne sich selbst zu verleugnen. Um immer wieder bestätigt zu bekommen, dass der innere Schutzwall seine Berechtigung hat, werden gern Situationen angezogen, die die Bestätigung dafür liefern, dass die eigene Zurückhaltung völlig richtig ist. Die Person, um die es sich hier dreht, sucht in Wahrheit nicht nach einem gleichberechtigten Lebenspartner, sondern versucht durch die Beziehung ein Defizit auszugleichen, wozu eigentlich nur eine Mutter- oder Vaterfigur fähig ist. Zahlreiche Ehen sind lediglich eine Fortführung dieses Musters, das aus der Kindheit bekannt ist. Es ist diese kindliche Erwartung des bedingungslosen Geliebtwerdens. Da das so nicht mehr funktioniert, wird auch keine erfüllte Beziehung möglich sein.

Stichworte zu Neptun Venus Merkur

Neptun
Venus
Merkur

- Auflösung
- Abhängigkeit
- Idealismus
- Sensibilität
- Schwäche
- Anpassung
- Zuneigung
- Sicherheitsdenken

- Instinkt
- Wollust
- Intellekt
- Lösung
- Verstand
- Neugier
- Reaktion

Helfersyndrom

Ihre schwärmerischen Gefühle brauchen ein Ventil. Es treibt Sie um, auf der Suche nach etwas oder jemandem, dem Sie Ihre Zuneigung schenken können. Das Herz ist so begierig darauf, sich zu verschwenden, dass versäumt wird, darauf zu achten, wem diese Kostbarkeit zuteil wird. In erster Linie ist jetzt wichtig, diesen einzigartigen Zustand der Verliebtheit und des sich Verlierens im anderen zu leben. Das Verlangen, dem Alltäglichen zu entfliehen, ist stärker als der kritisch prüfende Geist. Es fällt jetzt schwer, die Personen und Dinge im Leben mit realistischem Blick zu erfassen. Es kann wirklich eine der romantischsten Zeiten Ihres Lebens sein, aber die Wahrscheinlichkeit, dass Sie desillusioniert werden, liegt sehr hoch. Mit großer Wahrscheinlichkeit geraten Sie in den Bannkreis eines Menschen, der womöglich nicht ganz ehrlich zu Ihnen ist. Damit ist gemeint, dass Sie auf einen echten Verlierer-Typen hereinfallen könnten. Dieser wird sich natürlich nicht von vornherein als solcher zu erkennen geben. In dem Moment, wo Sie beginnen zu ahnen, was mit Ihrem Herzblatt nicht stimmt, stecken Sie schon zu weit in der Sache drin, als dass Sie auf die Schnelle wieder aussteigen könnten. Sie haben schon zu viel investiert, emotional oder auch finanziell. Das ist eine Gelegenheit, die Erfahrung eines Partners zu machen, der Ihnen nicht ebenbürtig ist. Beziehungen, die unter diesem Vorzeichen beginnen, sind nicht ausgewogen. Die Waagschalen sind nicht gleich gefüllt. Sie könnten in die Position des Helfers geraten, der den Partner aufbauen muss, dafür aber keine gerechte Gegenleistung erhält. Vielleicht sind es auch die Geldprobleme der anderen Person, die Sie immer wieder in die Bresche springen lassen. Egal, wie die Erfahrung aussieht, die hier gemacht wird, Sie sollten sich, wenn schon nicht zu Beginn, dann doch wenigstens am Ende, die Frage stellen, was in Ihrem Inneren die Veranlassung gewesen sein könnte, dass Sie diese Erfahrung machen mussten. Überprüfen Sie Ihre Einstellung zum eigenen Selbstwert.

Stichworte zu Mond Mars Pluto

Mond
Mars
Pluto

- Emotionen
- Geheimnisse
- Launen
- Unberechenbarkeit
- Schutzbedürfnis
- Erregung
- Streit
- Durchsetzungskraft

- Ärger
- Leidenschaft
- Macht
- Abgründe
- Transformation
- Eifersucht
- Zwangscharakter

Crashtest

Bildlich betrachtet, fühlen Sie sich jetzt vielleicht wie jemand, der in jeder Hand einen Colt hält und am liebsten in alle Himmelsrichtungen schießen würde. Vorsicht! Das ist eine gefährliche Lage. Sie tanzen Twist auf dem Karussell der Gefühle, ohne Rücksicht auf Verluste. Sie sind gereizt und unberechenbar in Ihren Ausbrüchen. Die Tiefe Ihrer Gefühle, die Sie ereilen, erschreckt Sie. Das sind die Schattenseiten der ursprünglich so schönen und romantischen Bilder, die nur noch undeutlich vor Ihrem inneren Auge erkennbar sind. Irgendwie sind die Bilder der Vergangenheit mutiert. Geben Sie Acht, dass Sie nicht alles niederreißen, denn das, was in Ihnen brodelt, will zerstören. Manchmal ist es richtig, dass man etwas Überlebtes hinter sich lässt. Es kommt nur darauf an, wie man es umsetzt. Innerhalb einer Liebesbeziehung wird Sie eine Lawine von alten Gefühlsmustern überrollen, die Sie schon lange als erledigt abgehakt hatten. Eifersucht und Besitzansprüche machen Ihnen das Leben schwer. Entweder sind Sie derjenige, der seinem Partner das Leben zur Hölle macht und ihn mit allen Mitteln der Kunst beschneiden will, oder Sie finden sich in der Position des Erleidenden wieder. Wenn das so ist, dann lassen Sie sich diese Übergriffe auf Ihre Individualität nicht gefallen. Es sind keine wahren Gefühle, die aus Ihrem Gegenüber sprechen, sondern ganz einfach Taktiken, die mit Macht durchgesetzt werden, um Sie zu unterdrücken. Es ist das Resultat der emotionalen Unsicherheit, wie Angst und Unzulänglichkeit des Partners, welcher auf diese Art versucht, dieses Defizit auf Sie zu projizieren. Entscheiden Sie sich, ob Sie sich einer Beziehung zuliebe verunsichert fühlen wollen oder ob es nicht besser ist, ins kalte Wasser zu springen und Ihren eigenen Weg zu gehen.

Stichworte zu Jupiter Venus Neptun

Jupiter
Venus
Neptun

- Hoffnung
- Erweiterung
- Maßlosigkeit
- Eigenliebe
- Erfolg
- Sexualität
- Zugehörigkeit
- Ausgleich

- Friedfertigkeit
- Anziehung
- Phantasie
- Einfühlungsvermögen
- Schuldgefühle
- Träumerei
- Sucht

Zauberlehrling

Falls Sie gerade ohne Partnerschaft leben sollten, und sich mit der eigenen Sinnfindung beschäftigen, so könnten Sie jetzt einem Wesen verfallen, dass Ihnen seine Lebensphilosophie aufdrängen will. Sie sind momentan anfällig für jegliche Art von Übergriffen auf Ihren Geist. Wenn Sie es bisher versäumt haben, eine eigene Weltanschauung zu entwickeln und keine eigene Kommunikationsfähigkeit herausgebildet haben, sind Sie prädestiniert, an jemanden zu geraten, der Sie mit seinen Anschauungen besetzen will. Hier geht es darum, Ihre Persönlichkeit zu entwickeln, ohne einem Menschen anheim zu fallen, der Sie umkrempeln will, um Ihnen seine Lebensweisheiten injizieren zu können. Je nachdem, wie anfällig Sie sind, könnte das sehr faszinierend auf Sie wirken und auch plausibel erscheinen. Allerdings sollten Sie vorsichtig sein und sich Ihre Kritikfähigkeit bewahren, da Sie sonst Gefahr laufen, in Abhängigkeit zu geraten. In Beziehungen und auch gerade in Liebesbeziehungen ist es wichtig, dass das innere Wachstum der Partner durch die gegenseitige Inspiration gefördert wird. Ungesund ist nur, wenn der eine in die Position eines Schülers gerät und den anderen als eine Art Guru betrachtet. Wenn Sie schon in einer Partnerschaft leben, wo die Rollen so verteilt sind, dann machen Sie sich auf Ihren eigenen Weg. Bilden Sie sich Ihre eigene Meinung zu den Dingen des Lebens. Entwickeln Sie sich weiter, indem Sie selbständig Ihr geistiges Spektrum ausweiten. Das muss nicht beinhalten, dass Sie den Partner verlassen, aber meist ist es in solchen Verbindungen so, dass diese davon leben, dass der eine den Meister spielt und der andere den Lehrling. Um eine reife, erwachsene Beziehung zu leben, muss jedoch eine Ausgeglichenheit gewährleistet sein, die es jedem Einzelnen erlaubt zu wachsen, wie es für ihn erstrebenswert ist.

Stichworte zu Uranus Venus Jupiter

Uranus
Venus
Jupiter

- Radikalismus
- Originalität
- Spontaneität
- Extreme
- Freiheitsdrang
- Sensibilität
- Liebeskraft
- Geselligkeit

- Hingabe
- Romantik
- Toleranz
- Durchsetzung
- Expansion
- Befreiung
- Optimismus

Flexibilität

Unter diesem Vorzeichen werden Sie erleben, was es bedeutet, in unvorhersehbare Ereignisse verwickelt zu werden. Eine Beziehung, die jetzt ihren Anfang findet, lebt von der Qualität der Unberechenbarkeit. Zumindest vorerst. Mit der Plötzlichkeit eines Donners könnten Sie sich in eine Person verlieben und Ihr Leben verwandelt sich von einem Moment zum anderen in einen heißen Wellenritt. Wenn das geschieht und Sie glauben sollten, dass diese Beziehung den herkömmlichen Weg zum Standesbeamten nehmen wird, muss ich Sie enttäuschen. Die Energien, die diese Verbindung geschaffen haben, sind vorerst nicht auf Konsolidierung eingestellt. Sie dürfen jetzt testen, was es heißt, das nicht Fassbare zu lieben. Das Alltägliche ist nicht das Fundament, worauf dieser Reigen der Leidenschaft gebaut ist. Zwischen Ihnen und dem Liebesobjekt könnte zum Beispiel eine räumliche Distanz bestehen, die ein ständiges Beisammensein unterbindet. Dadurch ist zwar gewährleistet, dass das Verlangen nicht so schnell nachlässt, aber auch kein ständiger Zugriff auf den Partner möglich ist. Weitere nützliche Faktoren, die verhindern, dass die Liebe alltäglich wird, könnten sein, dass der Partner noch gebunden ist, oder vielleicht sind Sie selbst es ja noch. Der Verlauf dieser Verbindung wird sich auf alle Fälle von dem unterscheiden, was herkömmlich ist. Ob Sie sich darauf einlassen wollen, ist Ihre Sache. Sie können wählen zwischen vertrauter Gewohnheit und dem unvertrauten Wirbelsturm. Aber alle Stürme legen sich auch irgendwann mal und aus diesem Grund können danach auch ruhigere Zeiten kommen. Aber bis dahin sollten Sie genießen, was Ihnen Amors Pfeil zuschießt. Für die herkömmliche ereignislose Beziehungsführung bleibt immer noch Zeit. Denn bedenken Sie doch, das, was wir nicht sofort haben können, bleibt viel länger interessant und begehrenswert als das, was sich einem tagtäglich auf einem Silbertablett anbietet.

Stichworte zu Saturn Venus Mars

Saturn
Venus
Mars

- Bürde
- Disziplin
- Belastung
- Klarheit
- Pessimismus
- Ästhetik
- Vollkommenheit
- Schönheit

- Liebschaften
- Befriedigung
- Reizbarkeit
- Sexualität
- Instinkt
- Unberechenbarkeit
- Begierde

Konvention

Wenn Sie gerade in einer Beziehung leben, so könnte in Ihnen die Tatsache zur Gewissheit werden, dass das Zusammensein mit dem Partner irgendwie statisch geworden ist. Die Beziehung mag zwar eine gewisse Sicherheit und Ausgewogenheit vermitteln, aber der Schwung ist raus. Voller Bedauern könnten Sie sich der Zeiten erinnern, wo alles noch so aufregend und lustvoll war. Zu Beginn einer Liebesbeziehung sind die Rollen noch nicht so eingefahren und die Kommunikation funktioniert auch noch ganz gut. Im weiteren Verlauf des Zusammenlebens geht manchmal die Lebendigkeit im Umgang miteinander verloren. Jeder hat seinen Part zu spielen und am Drehbuch sollte sich möglichst nichts ändern. Jede Veränderung birgt immer eine Unsicherheit in sich, die den Zusammenhalt der Beziehung stören oder sogar gefährden könnte. Der Preis für diese vermeintliche Sicherheit ist oft schleichende Unzufriedenheit und Stagnation. Diese Stagnation wird jedoch oft in Kauf genommen, um des lieben Friedens Willen. Die Angleichung in den Vorlieben und Abneigungen der Partner scheint im ersten Moment eine Art Zusammengehörigkeitsgefühl aufkommen zu lassen, jedoch ist es meist nur eine Strategie, die unbewusst abläuft um Risikofaktoren abzubauen. Eventuelle Andersartigkeiten des Partners, die zu Beginn einer Liebesbeziehung als sehr aufregend und anregend betrachtet wurden, können später dazu führen, dass der andere bemüht ist, ihm gerade diese individuellen Züge abzugewöhnen. Im schlimmsten Fall gehen Sie mit dem gleichen Anorak oder Jogginganzug spazieren, um zu demonstrieren, dass Sie beide zusammengehören. An diesem Punkt scheint zwar alles geregelt, aber es gibt auch keine Leidenschaft mehr. Die erotische Anziehung zwischen zwei Menschen ist nur gegeben, solange man sich zugesteht seine Andersartigkeit ausleben zu dürfen. Lebendige Beziehungen beinhalten auch immer eine Bereitschaft zum Risiko, weil ohne dieses Risiko nur Langeweile bleibt.

Stichworte zu Pluto Venus Jupiter

Pluto
Venus
Jupiter

- Kraftpotential
- Charisma
- Rücksichtslosigkeit
- Zielgerichtetheit
- Tiefgründigkeit
- Lustempfinden
- Materialismus
- Freundschaft

- Sehnsucht
- Körperliche Liebe
- Übertreibung
- Freigebigkeit
- Glaube
- Einheit
- Glück

Neuland

In dieser Zeit könnten Sie mit Problemen innerhalb einer Partnerschaft konfrontiert werden. Es geht darum, sich mit Konflikten bewusst auseinanderzusetzen, die schon länger im Untergrund brodelten. Jetzt wird es Ihnen leider nicht mehr gelingen, sich um die nötige Auseinandersetzung herumzudrücken. Vom Ausgang dieser Konfliktsituation hängt ab, ob Ihre Beziehung fortbestehen wird oder nicht. Wenn Sie objektiv und ehrlich an die Probleme herangehen und diese mit Ihrem Partner besprechen und gemeinsam zu dem Schluss kommen, dass noch Hoffnung besteht, werden Sie die Krise meistern. Die Aussichten, dass das auch so kommt, stehen sogar sehr gut. Aber, es wird ein gewisser Einsatz verlangt, ohne den es keine Weiterführung des Spiels geben wird. Sollten Sie gerade im Begriff sein, sich zu verlieben und auf jemanden gestoßen sein, der Sie zutiefst fasziniert, so können Sie sich darauf gefasst machen, dass das keine Eintagsfliege sein wird. Falls es Sie erwischt hat, während Sie noch in einer Beziehung stecken, so wird die alte Verbindung wohl keine Chance mehr haben, da das Neue zu mächtig und intensiv ist. Sie werden sich der großen Anziehung, die von der Person ausgeht, die in Ihr Leben getreten ist, nicht erwehren können. Das Leben zeigt sich jetzt von seiner expansivsten Seite und Sie fühlen sich aufgerufen, alles auf den Kopf zu stellen und neu zu beginnen. Eine gehörige Portion Glück trägt dazu bei, dass die neue Liebe sogar Bestand haben kann. Sie werden eine Wandlung erleben, Dinge, die Ihnen mal wichtig erschienen, werden unwichtig und was Sie einmal für sehr wertvoll gehalten haben, wird jetzt nicht mehr von Bedeutung sein. Sie bestimmen den weiteren positiven oder negativen Verlauf der Geschehnisse je nachdem, wie geklärt die Umstände zum Zeitpunkt des Neubeginns sind.

Stichworte zu Neptun Mond Merkur

Neptun
Mond
Merkur

- Illusionen
- Unbewusstes Handeln
- Intuition
- Romantik
- Chaos
- Privatsphäre
- Beeinflussbarkeit
- Stimmungsschwankungen

- Vergangenheit
- Zuneigung
- Urteilskraft
- Vermittler
- Information
- Kommunikation
- Flexibilität

Surrogat

Das ist eine gewagte Sache. Es könnte sich Ihrer ein Gefühl bemächtigen, dass Sie vermeintlich als Liebe bezeichnen. Aber das, was sich Ihnen tatsächlich offenbart, ist nur ein Surrogat. In Ihrem Wunschdenken bilden sich Phantasien aus, die sich willkürlich eine Person aussuchen, mit der das Schauspiel der Liebe inszeniert werden kann. Beispielsweise könnte das so ablaufen, dass Sie sich einen Urlaubsflirt mit nach Hause bringen, der es Ihrer Meinung nach verdient, durch Ihre Mithilfe ein besseres Leben ermöglicht zu bekommen. Sie haben dadurch das Gefühl, dass Sie etwas menschlich Wertvolles getan haben und sichern sich somit auch noch den erotischen Fortbestand der Beziehung. Nachdem Sie alles Mögliche unternommen haben, dieses arme lieb gewonnene Wesen zu integrieren und beste Startbedingungen geschaffen haben, merken Sie, dass die Rechnung irgendwie nicht zu Ihrer Zufriedenheit aufgeht. Vielleicht erleben Sie ja tatsächlich eine Menge auf dem Gebiet der Erotik, aber alles andere kommt nicht so richtig in Gang. Der andere bleibt weiterhin der Unbeholfene und Sie verausgaben sich in der Fürsorge für den Partner. Es gibt allerdings noch viel mehr Wege, wie Sie auf solch ein schmales Brett gelangen können. Im Endeffekt sind Sie derjenige, der die Rechnung dafür bezahlen muss. Nur in den seltensten Fällen gelingt eine Beziehung, die darauf basierte, dass der eine dem anderen in die Startlöcher geholfen hat. Aber viele glauben fest daran, dass, wenn erstmal alles gut ist, dann alles besser wird. Meist ist das Zeitverschwendung und im besten Fall hat man etwas daraus gelernt. Wenn Ihnen ähnliches widerfährt, sollten Sie sich fragen, warum Sie nicht dazu fähig sind, einen gleichwertigen Partner anzuziehen, der es nicht nötig hat, gelenkt zu werden und warum Sie es brauchen gebraucht zu werden, anstatt im ausgewogenen Rhythmus von Geben und Bekommen zu leben.

Stichworte zu Mars Neptun Venus

Mars
Neptun
Venus

- Leistungsfähigkeit
- Energie
- Entschlusskraft
- Spannung
- Tatkraft
- Vernebelung
- Betrug
- Einbildungskraft

- Flucht
- Verklärung
- Liebesbeziehungen
- Lust
- Verlangen
- Sinnlichkeit
- Vergnügen

Erkenntnis

Gehen Sie in sich. Betrachten Sie objektiv alle Ihre Beziehungen, die Sie schon hatten. Schreiben Sie sich am besten auf, wieso die eine oder andere nicht von Dauer war oder woran sie letztendlich gescheitert sind. Was hatten die betreffenden Personen gemeinsam und welche Reaktionsmuster haben sie in Ihnen aktiviert? Wie ist es dazu gekommen, dass Sie vielleicht nie oder mehrmals geheiratet haben? Wenn Sie zu denjenigen gehören, die noch nicht im Hafen der Ehe gelandet sind, dann sollten Sie diese Entscheidung auch weiterhin nicht in Betracht ziehen. Sie dürfen sich zwar verlieben aber lassen Sie diese Liebe auf keinen Fall notariell beglaubigen. Wenn Sie bis heute keinen geeigneten Partner gefunden haben, den es sich zu heiraten gelohnt hätte, so ist derjenige, dem Sie eventuell zum jetzigen Zeitpunkt begegnen auch nicht dazu auserkoren. Bleiben Sie cool. Es gibt in solchen Fällen keine ausgleichende Gerechtigkeit. Es sei denn, Sie haben wirklich allerhand dazugelernt und nicht nur tatenlos herumgesessen und auf Lancelot gewartet. Wir Menschen haben alle in unserer Kindheit ein paar fehlerhafte Programmierungen erhalten, die es uns im späteren Leben schwer machen, eine realistische und weitgehend positive Einstellung zu uns selbst zu bekommen. Wir vertrödeln große Teile unseres Lebens damit, Dinge zu tun, die wir eigentlich nicht wollen, um anderen zu beweisen, dass wir es aber können. Oder wir leben in Beziehungen, die uns unzufrieden machen, weil wir meinen, das nachspielen zu müssen, was bei unseren Eltern schon nicht geklappt hat. Anstatt das zu leben, was wir wirklich wollen, gehen wir lieber davon aus, dass ein bekanntes Elend immer noch besser ist als ein unbekanntes Glück. Das Schwierige ist, zu erkennen, dass individuelle Unzulänglichkeiten ständig mit irgendetwas kompensiert werden. So kann es sein, dass Sie selbst die Person sind, die unbewusst verhindert, einen guten Partner zu finden, weil Sie nicht wirklich daran glauben, dass das möglich ist.

Stichworte zu Mond Venus Uranus

Mond
Venus
Uranus

- Romantische Liebe
- Emotionalität
- Verwundbarkeit
- Sicherheitsbedürfnis
- Rückzug
- Zärtlichkeit
- Vereinigung
- Lust

- Verschmelzung
- Freude
- Exzentrik
- Unzuverlässigkeit
- Ausbruch
- Befreiung
- Das Ungewöhnliche

Veränderung

Einige Male im Verlauf unseres Lebens geraten wir an den Punkt, an dem wir unsere Lebenssituation ändern müssen. Da genügt es nicht mehr nur der Küche eine neue Tapete zu verpassen, sondern die Küche könnte plötzlich ihren Standort wechseln. Damit ist gemeint, dass sich die gesamte häusliche Situation total verändert. Die Unzufriedenheit mit unseren Lebensumständen zwingt uns dazu, die bestehenden Verhältnisse umzustrukturieren ja vielleicht sogar abrupt zu zerstören. In unserer Seele gibt es so etwas wie einen Lebensplan, den es zu erfüllen gilt. Wenn wir erkennen, dass wir durch die Menschen, mit denen wir zusammenleben keine Chance mehr auf Weiterentwicklung haben, ist der einzig richtige Weg die Loslösung. Das kann in dieser Zeit sehr schnell geschehen. Durch eine plötzliche Eingebung sehen wir uns genötigt, die überlebte Struktur zu verlassen, um in einen neuen Lebensabschnitt treten zu können. Diese gravierenden Umwälzungen können daraus resultieren, dass das Idealbild, das wir uns von einem Partner geschaffen haben nicht mehr der Realität standhält. Die Motive, aufgrund derer der Partner seinerzeit gewählt wurde, haben sich verflüchtigt. Man versteht vielleicht überhaupt nicht mehr, worin die ursprüngliche Anziehung bestand, die den Anlass dazu gab, sich an die betreffende Person zu binden. In diesem Zusammenhang sollte man sich jedoch die Mühe machen, herauszufinden, worin die wahre Enttäuschung besteht. Die Schuld sollte nicht nur bei dem anderen gesucht werden, da jedes Individuum ein unvollkommenes Geschöpf ist, auch wir selbst. Einfacher ist natürlich, sich eine neue Projektionsfläche, sprich neue Liebe zu suchen. Die Motive für die Partnerwahl ändern sich dadurch aber meist nicht. Setzen Sie sich mehr mit diesem Thema auseinander, um nicht wieder vorschnell eine neue Verbindung einzugehen. Diese endet mit Sicherheit in einer Sackgasse und wird nicht von Dauer sein.

Doch lasset Raum zwischen eurem Beieinandersein,

Und lasset Wind und Himmel tanzen zwischen euch.

Liebet einander, doch macht die Liebe nicht zur Fessel:

Schaffet eher daraus ein webendes Meer zwischen den

Ufern eurer Seelen.

Füllet einander den Kelch, doch trinket nicht aus einem Kelche.

Gebet einander von eurem Brote, doch esset nicht vom gleichen Laibe.

Singet und tanzet zusammen, und seid fröhlich, doch lasset jeden von

euch allein sein.

Gleich wie die Saiten einer Laute allein sind, erbeben sie auch

von derselben Musik.

Gebet einander eure Herzen, doch nicht in des anderen Verwahr.

Denn nur die Hand des Lebens vermag eure Herzen zu fassen.

Und stehet beieinander, doch nicht zu nahe beieinander:

Denn die Säulen des Tempels stehen einzeln,

Und Eichbaum und Zypresse wachsen nicht im gegenseit'gen Schatten.

Kahlil Gibran